이 책의 출판비는
2015년 팔순을 맞이한
강동혁(다니엘)·김태신(수산나) 부부가
봉헌해 주셨습니다

한국순교복자성직수도회
순교영성연구소 순교자의 숨소리 02

신태보 옥중수기

인쇄 | 2016년 9월 23일
발행 | 2016년 9월 30일

편역자 | 유소연
발행인 | 한명수
편집자 | 이향란
디자인 | 이선정 박미란
발행처 | 흐름출판사
주소 | 전북 전주시 덕진구 정언신로 59
전화 | 063-287-1231
전송 | 063-287-1232
홈페이지 | www.heureum.com
이메일 | hr7179@hanmail.net

© 2016, 한국순교복자성직수도회 순교영성연구소

ISBN 979-11-5522-105-1 04230
　　　979-11-5522-101-3 (세트)

값 13,000원

출판 승인: 천주교 전주교구 No. 2016-5
저작권법에 의해 한국 내에서 보호를 받는 저작물이므로
무단 전재 및 복제를 금합니다.

「이 도서의 국립중앙도서관 출판예정도서목록(CIP)은 서지정보유통지원시스템 홈페이지
(http://seoji.nl.go.kr)와 국가자료공동목록시스템(http://www.nl.go.kr/kolisnet)
에서 이용하실 수 있습니다. (CIP제어번호: CIP2016022776)」

한국순교복자성직수도회 순교영성연구소
순교자의 숨소리 02

신태보
옥중수기
申太甫獄中手記

유소연 편역

흐름

머리글

순교자의 숨이 고통 안으로 스며 들어가길…

한국 천주교회는 병인순교 150주년을 기념하는 뜻깊은 한 해를 보내고 있습니다. 그래서 박해와 순교에 대해 자주 묵상하고 그 의미를 곰곰이 되새겨 봅니다. 박해와 순교는 역사책에 박혀 있는 묵직한 단어인가, 교회사 공부를 통해서 배우는 종결된 사건인가, 특별한 사람에게 주어진 하느님의 각별한 은총인가… 이러한 물음들이 일어납니다.

그러나 한 가지 분명한 것은, 한국 천주교회사에서 일어난 몇 차례 대박해와 그로 인해 목숨을 바치며 신앙을 증거 한 우리 신앙 선조가 이 시대의 박해를 겪는 우리에게 신앙의 등불이 되어 주시어 박해의 시련을 잘 통과하도록 길 안내를 해 주신다는 것입니다.

일상에서 반복적으로 감내해야만 하는 지난한 과제들이나, 경제적 어려움, 투병생활, 사랑하는 이와의 사별처럼 큰 파도를 넘어야 할 때, 때론 이 모든 불행이 한꺼번에 떼지어 몰려와 들이닥칠 때면 우리는 여지없이 흔들리고 믿음은 방향을 잃습니다.

우리가 피할 수 없는 그 일련의 시련들이 이 시대 우리의 박해자들입니다. 병, 외로움, 돈, 오해와 갈등, 소외, 폭력, 소통의 단절… 이렇게 오늘날의 박해의 모습은 아주 디테일해졌고, 때로는 박해자가 너인지 나인지 구분이 안 될 정도로 교묘해졌습니다. 이럴 때 그 박해(자)와 함께 하느님 안으로 들어가는 게 최상의 방법인 것 같습니다. 그런데 그것이 쉽지 않으니 그 방법을 배우기 위해 우리보다 앞서 본보기를 보여 주신 신앙 선조 순교자들께 도움을 청하는 것입니다. 당신은 어떻게 순교하셨느냐고, 무슨 힘으로 그 박해(자)를 데리고 하느님 안으로 들어가셨느냐고 말입니다.

순교영성연구소에서 발간하는 《순교자의 숨소리 총서》는 오늘을 사는 우리가 순교하는 법을 배울 수 있도록 순교자 한 분 한 분을 이 시대로 모셔와 서로 나눔을 가지는 만남의 공간입니다.

『신태보 옥중수기』를 이 총서를 통해 소개하게 되었습니다. 복자 신태보 베드로는 기해박해(1839) 순교자이십니다. 그분은 하느님을 사랑한 대가를 톡톡히 치르셔야 했습니다. 잔혹한 고문을 당하고 13년을 감옥에 갇혀 지내셨습니다. 당시의 열악한 감옥 상태는 상상도 못할 정도였습니다. 그러나 그분은 고통을, 고통을 위한 고통으로 '당하지' 않으셨고, 그 고통을 희생으로 껴안아 기도로 바꾸셨습니다. 그 결과로 감옥 밖에 있는 교우들이, 오늘날 우리가 그 은총을 누리는 혜택을 입게 되었지요.

생명에는 고통이 내포되어 있습니다. 그 고통을 잘 다루면 오히려 고통은 큰 이익이 되어 돌아온다는 것을 그분의 수기에서 배웁니다. 순교는 물리적 죽음이 아니고 박해나 고통을 껴안고 하느님 안으로 들어가는 힘이라는 것을, 신태보 복자의 수기를 읽으며 그분의 육성을 통해 배우게 됩니다.

『신태보 옥중수기』가 나오기까지 많은 분들의 도움을 받았습니다.

출판비 지원을 해 주신 강동혁, 김태신 님, 두 분께 깊은 감사의 인사를 전합니다. 한국 교회를 위해 드러나지 않은 곳에서 희생을 봉헌하셨던 복자께서 기뻐하시며 두 분의 봉헌을 받으시리라 믿습니다. 이 책의 해제를 특별히 집필해 주신 새남터 순교성

지의 강석진 신부님도 고맙습니다. 순교자의 뜻이 담길 그릇이라며 졸역 원고를 정성껏 다듬어 주신 흐름출판사 한명수 사장님의 수고를 잊지 않겠습니다.

신태보 복자의 수기를 번역하면서 특별히 고통 속에 있는 분들을 기억했습니다. 순교자의 숨이 그분들 안으로 스며 들어가 아픈 몸과 마음에 생기를 돌게 해 주시리라 믿습니다.

2016년 성모승천대축일

유소연

일러두기

1. 이 책은 다블뤼 주교의 『조선 순교자 역사 비망기*Notes pour l'histoire des martyrs de Corée*』 중 신태보의 수기(les mémoires de Sin [T'ai po] Pierre) 불어본 사본을 저본으로 삼았다.

2. 번역문의 괄호는 원문에 나온 괄호이다.

3. 번역문의 [ ] 표시는 번역자가 문맥의 이해를 돕기 위해 보충한 내용이다.

4. 번역문에서 다블뤼 주교의 서술 부분에 바탕색을 두어 신태보 수기와 구분하였다.

차례

머리글 … 4

해제
모진 심문과 박해 속에서 피어난 신앙의 불씨 … 10

번역 노트
믿음살이 일생을 기록한 자필 약전의 참 교리 … 21

번역문

1. 신태보 소개 … 46
2. 1791~1801년 박해 직후 … 48
3. 정조가 최[필공] 토마스를 심문하다 … 55
4. 주문모 신부의 유물과 어느 동정부부 일화 … 60
5. 순교자와 기적 … 63
6. 1804년-사촌 이여진을 위한 구명활동 … 68
7. 박해 시대의 신자 공동체 생활상 … 70
8. 신태보가 한때 배교의 뜻을 표한 적이 있다는 소문에 대한 다블뤼 주교의 변론 … 80
9. 정해년에 경상도 상주 잣골에서 붙잡혀 일곱 차례 형문을 받다 … 82
10. 미완의 수기, 순교로 완성하다 … 122
11. 신태보의 며느리 최조이 바르바라의 문초와 순교 … 124

원문
… 127

참고문헌 … 187

해제

모진 심문과 박해 속에서 피어난 신앙의 불씨

강석진 신부 | 한국순교복자성직수도회

신태보 베드로

2014년 8월 14일에 시복된 124명의 복자 중 한 분이며, '경기도 이천 고을 동산 밑에 사는 잔반 출신'이다. 평산平山 신씨申氏(始祖 將節公 申崇謙) 문희공파文僖公派 27대손으로 고故 신인균 신부의 구전 증정에 전해진다. 또한 신태보가 자신의 5대조라는 사실을 조모 김金 발바라로부터 1926년 전해 들었다고 증언한다.[1]

신태보라는 이름은 조선 시대 관찬 기록인 『일성록日省錄』과 『승정원일기承政院日記』에서 1827년 박해 때 체포된 천주교 신자 명단에 '申太甫'로 나온다.[2] 교회 측 기록인 샤를르 달레의 『한

---

1 하성래, 『빛의 사람들』(순교자 신태보(申大甫) 베드로의 삶과 생애), 가톨릭출판사, 1996, 16~18쪽.
2 『日省錄』, 『承政院日記』, 純祖 1827년 丁亥年 閏5月 2日條.

국천주교회사』에서도 'Sin Tai-po'라는 이름으로 등장한다.[3]

신태보의 천주교 입교 시기는 1796년 이후로 볼 수 있다. 본 『신태보 베드로 수기』(이하 『수기』)에서 "1791년 조정에서 천주교에 대한 첫 공식적인 금령을 냈을 때 나는 비록 신앙생활을 하지는 않았지만 천주교를 알고 있었다."고 언급하고 있어, 1791년 이후에 천주교에 입교했음을 알 수 있다. 이어서 주문모 신부에 대한 기록과 신태보와 이여진이 주문모 신부를 만나고자 몇 차례 시도했으나 만나지 못한 상황이 기술되어 있다. 그 이유는 1795년 6월 28일(음 5월 12일) 주문모 신부를 영입했던 윤유일·지황·최인길 등이 순교한 이후 주문모 신부를 보호하려는 신자들의 자구책 때문이었다. 이러한 정황을 고려해 보면 신태보의 입교 시기는 1796년 이후에 가능했을 것이다.

신태보가 『수기』를 남긴 시기와 그 이유에 대해서는 '신 베드로가 옥에 갇혀 있을 때, 샤스탕 신부의 지시에 따라 아마도 1838년에 옥중에서 썼을 그의 수기'라고 언급되어 있다. 그러므로 신태보는 1836년 12월 28일에 조선에 입국한 파리외방전교회 선교사 샤스탕Chastan Jacobus(정 아각백) 신부의 요청으로 『수기』

---

3 Ch.Dallet, *Histoire de l'Église de Corée* (précédée d'une introduction sur l'histoire, les institutions, la langue, les moeurs et coutumes coréennes, Tome 1), Paris, 1874, p.77/p.249; 샤를르 달레, 『한국천주교회사』 상, 최석우·안응렬 역주, 한국교회사연구소, 387쪽; 『한국천주교회사』 중, 10쪽.

를 썼을 것이다.

신태보는 1804년경부터 박해로 인해서 파괴된 천주교 신앙공동체 재건을 위해 헌신했던 인물 중 한 사람이다. 그의 노력으로 1801년 박해 때 공동체를 떠나간 신자들이 다시 돌아오고, 새로 입교한 신자들이 많이 생겨났다. 이렇게 재건된 천주교 신앙공동체는 신자들의 성사생활을 위해서 사제를 영입하고자 했고, 이 계획은 신태보를 중심으로 하여 본격적으로 추진되었다. 그들은 신태보의 사촌 이여진을 북경에 파견하기로 하고, 신태보는 이 경비를 마련하기 위해 지속적인 노력을 기울였다.

그 노력의 결과로 1811년에 이여진과 신자 한 사람이 성직자 영입을 위해 조선 교회의 밀사로 북경에 파견될 수 있었다. 그들은 북경에 들어갈 때 두 통의 편지를 가지고 갔는데 한 통은 북경 주교에게 보내는 것이었고, 다른 한 통은 로마 교황에게 보내는 것이었다. 그리고 1811년 북경 방문 후에 북경 교구로부터 답변이 없자 1813년에 또 한 차례 북경 교구를 왕래하였다. 신태보는 이때에도 비용 마련을 위해 헌신적인 노력을 하였다.

그 후 신태보는 교회 기록에 본격적으로 등장하지 않지만, 자신의 신앙을 굳히며 개인적으로 선교에 투신하였다. 그 결과 당시 신자들 사이에 신태보의 이름이 널리 알려졌다. 그의 인품과 함께 그가 교회 서적을 많이 필사하여 보급시켰기 때문에 박해가 일어날 때에는 어느 누구보다도 주목을 받았다. 이러한 상황에서 신태보는 여러 지방으로 이주해 다니며 살다가 경상도 상주尙州 잣골에 가서 자리를 잡았다. 바깥 교우들과는 가깝게 상종하지 않고 외진 곳에서 교우촌을 이루고 살아가고 있었다.[4]

그 후 1827년에 전라도 곡성 고을 덕실마을의 옹기점에서 천주교 신자들끼리의 시비로 인해 곡성 관아 포졸들이 덕실마을 교우촌을 급습하면서 많은 신자들이 체포되었다. 박해는 전라도와 충청도 지방으로 번져 나갔는데, 이때 체포된 사람들이 심문받는 과정에서 신태보의 이름이 나오게 되었다. 그리하여 신태보는 1827년 음력 4월 22일에 체포되었다.

신태보의 『수기』에는 그가 1827년 4월 22일에 체포되어 5월 5일까지 고문을 당한 기록이 나온다. 이에 대한 관변 측 기록은 『승정원일기』 정해년(1827) 윤5월 2일자 형조刑曹의 보고서에 나온다. 이 보고서를 옮겨 보면 다음과 같다.

> 그릇된 가르침이 윤리 기강을 끊어 버림은 참으로 깊이 근심할 일입니다. 아, 저 올빼미나 짐승 같은 무리들이 영호남 지방 사이에 잠복하여 요사스러운 책을 번역하거나 베껴내고, 추한 형상을 모방해 그려냅니다. 이를 강습하며 어리석은 백성을 속이고 유혹한 이경언, 김대권, 이유정, 이태권, 이일언, 신태보, 정

---

4 달레, 『한국천주교회사』 중, 125~126쪽.

태봉 등 일곱 죄수는 수각이 다 드러나 천주교를 신앙한 정황이나 행적이 의심이 없습니다.

13년 동안 옥살이를 했던 신태보는 1839년 4월 12일에 사형 선고를 받았고,[5] 전주 감옥에 갇혀 있었던 신태보를 비롯한 5명은 1839년 4월 17일(양력 5월 29일)에 전주에서 참수 순교하였다. 이때에 신태보의 나이가 70세가량이었다고 전하고 있다.[6]

---

5 『承政院日記』1839年 4月 12日, "刑曹啓目 … 又啓目粘連 邪學罪人 申太甫 謄賣册至於一百卷 依法處斷 並只依律施行如何 判付啓 依允" 1839년 4월 12일자『승정원일기』에는 " … 장계 목록에 이름이 적히고 증거물이 첨부된 사학죄인 신태보는 사학서를 등서하여 판 것이 일백 권에 이르니, 법에 의해 처단하고 … 아울러 법률에 의해 시행함이 어떠한지 판서가 장계를 올리니 윤허하였다."; 하성래,『빛의 사람들』(순교자 신태보 베드로의 삶과 생애), 가톨릭출판사, 1996, 134~136쪽 참조.

6 달레,『한국천주교회사』중, 421쪽. 1839년 4월 12일에 형조 판서가 장계를 올려 '김대권·이태권·이일언·신태보·정태봉·김사건·박사의·이재행' 등 8명의 사형 집행이 내려졌다. 그래서 대구 감옥에 갇혀 있었던 박사의, 김사건, 이재행은 1839년 4월 14일에 참수되었고, 전주 감옥에 갇혀 있었던 신태보, 이태권, 이일언, 정태봉, 김대권 5명은 1839년 4월 17일(양력 5월 29일)에 참수 순교하였다.

서지 사항

1. 신태보 베드로의 『수기』 원본은 확인할 수 없으나, 다블뤼 A.Daveluy(1818~1866)[7] 주교가 1845년 10월에 조선에 입국한 후 1866년 순교하기까지 성무활동을 하는 동안, 조선 순교자들에 대한 약전을 수집·편찬하여 파리외방전교회 총원에 보낸 문서들 가운데, 『조선 순교자 역사 비망기Notes pour l'histoire des martyrs de Corée』[8] 안에 그 내용이 삽입되어 있다.

2. 《다블뤼 4권》으로 통칭되는 『조선 순교자 역사 비망기』는 1720년 이전부터 1841년까지 신태보를 비롯하여 조선 순교자들의 순교 기록이 연대순으로 정리되어 있다. 이 책은 1874년 샤를르 달레Charles Dallet(1829~1878)가 쓴 『한국천주교회사Histoire de l'Eglise de Corée』의 중요한 원사료였다. 그리고 1924년 시복 조사와 2009년 '하느님의 종 윤지충 바오

---

7 순교자, 성인, 조선 천주교구 제5대 교구장.
8 《A-MAP Les Documents de Mgr Daveluy Vol.4 『조선 순교자 역사 비망기Notes pour l'histoire des martyrs de Corée』 필사 문서 판독 자료집》 해제 참조. 『조선 순교자 역사 비망기』는 한국에서 2003년부터 판독 작업이 시작되었고, 2012년 파리외방전교회 서봉세(Gilbert Poncet) 신부의 감수로 수정 완결되었다. 그리고 한국천주교주교회의 문화위원회가 한국 교회 사료 발굴과 교회사 연구 목적으로 필사 문서 판독 자료집을 간행했다.

로와 동료 순교 123위' 시복 시청 청원 때 주요 자료로 사용되었다.

3. 신태보의 『수기』가 일반 대중들에게 알려진 시기는 달레의 『한국천주교회사』가 『경향잡지』에 「대한성교사기」라는 제목으로 번역되어 실리면서부터였다.[9] 그 후 달레의 『한국천주교회사』가 1976년 한국교회사연구소에서 최석우·안응렬에 의해 번역·주석 작업을 시작하면서부터 좀 더 널리 알려졌다. 책은 전체 3권으로 나누어 번역되었으며, 상권이 1979년에, 중·하권은 1980년에 출판되었다. 그러나 이 『수기』가 별도의 책으로 엮이어 간행된 적은 아직 없었다. 이에 본 연구소에서는 복자 신태보의 삶과 신앙에 좀 더 가깝게 다가가기 위해서 이를 한데 묶어 간행하고자 한다.

---

9 이 책은 1885년부터 로베르(Robert), 리우빌(Liouville), 보두네(Beaudounet) 신부 등 파리외방전교회 선교사들에 의해 한글로 번역되기 시작했으며, 1901년에 거의 완역되었으나 단행본으로 간행되지는 못했다. 단지 『경향잡지』가 발간되면서, 1906년부터 1913년까지 꾸준히 연재되었다. 그 후 1956년부터 새 번역문이 『경향잡지』에 연재되었으나 1974년 완역에 이르지 못한 채 중단되었으며, 단행본으로는 1947년과 1966년 서설만이 번역되어 『조선교회사서설』이라는 제목으로 간행되었다.

내용

이 책의 구성은 전체적으로 11개의 내용으로 이루어져 있다. 첫 번째는 신태보에 대한 인물 소개와 주문모 신부가 입국한 이후 비밀리에 사목활동을 하고 있다는 내용이다.

두 번째는 신태보 옥중수기의 시작으로 1791년 사건과 사촌 이여진과의 관계가 기록되어 있다. 또한 당시 평신도들이 성직자를 만나서 성사생활을 하고자 하는 열망과 주문모 신부의 사목활동에 있어서 신자들이 그를 보호해 주는 모습이 담겨 있다.

세 번째는 신태보 수기를 통해 정조 앞에서 자신의 신앙을 고백한 최필공의 모습을 확인할 수 있다.

네 번째는 주문모 신부와 어느 동정부부의 일화를 소개하면서, 당시 신자들 사이에서는 동료 순교자들을 공경하는 마음과 함께 순교자 신심을 키워 나가던 모습도 살필 수 있다. 또한 박해 시기 교회사 안에서 우리가 알고 있는 '유중철'과 '이순이', '조숙'과 '권천례' 동정부부 외에 또 다른 동정부부가 있음을 알 수 있다.

다섯 번째는 신유박해 이후 신자들 사이에 구전으로 전해지는 순교자들과 관련된 기적 내용들과 성직자가 없는 가운데 비밀리에 신앙을 실천하며 살아가는 신자들의 모습을 볼 수 있다.

여섯 번째는 박해 시기 천주교 신자들 사이에서 밀고, 체포, 석방된 정황 및 밀고한 신자들에 대한 용서 등의 내용을 살필 수 있다.

일곱 번째는 이 책의 주요 내용으로 박해 이후 순교자 가족들이 처한 어려운 현실을 볼 수 있으며, 동시에 교우촌 형성을 위한 교우들의 이동 경로와 상황, 교우촌에서 신자들이 겪고 있는 고통 등을 확인할 수 있다. 그리고 그런 상황에서 신태보의 주된 역할을 살펴볼 수 있다.

여덟 번째는 1827년 박해 당시 체포된 신태보가 배교의 뜻을 표한 적이 있다는 소문에 대하여 다블뤼 기록을 통해 그 소문을 확인할 수 있다.

아홉 번째, 역시 이 책의 중요한 내용 중의 하나로 당시 조선 교회가 성직자 영입 운동을 어떻게 전개해 나갔는지를 살펴볼 수 있고, 교회 서적 필사 과정도 담겨 있다. 그리고 1827년 박해의 전체 진행 과정과 이때 체포된 신태보에 대한 고문과 심문 기록을 통해 신태보의 삶과 신앙을 살필 수 있다.

이상의 내용 가운데 특히 신태보가 전주 감영全州監營에서 7차례 심문을 받은 내용이 주목된다. 심문 내용을 보면, 1차 심문에는 고문과 배교를 강요하는 관장의 모습과 이에 맞서 천주교 신앙을 고백하며 배교를 거부하는 신태보의 모습을 확인할 수 있다. 2차 심문에서는 고문과 함께 신태보의 사촌 이여진의 행방에 관해서, 3차 심문에는 신태보가 베낀 교리서에 대해서, 4

차 심문에서는 외국에서 들여온 많은 상본과 성물에 대한 출처에 관한 심문 내용을 살필 수 있다. 5차 심문에는 천주교 교리에 대한 논쟁과 사형선고, 6차 심문에는 감사 앞에서 조상 제사에 관한 교회의 입장을 설명하는 내용이 있고, 7차 심문에는 본관 앞에 끌려갔으며 거기서 또다시 고문을 받은 내용들이 나온다.

열 번째는 1839년 5월 29일(음력 4월 17일), 신태보가 13년간의 전주 옥살이 끝에 순교한 내용과, 열한 번째는 신태보의 며느리 최조이 바르바라의 문초 기록이 담겨 있다. 이 부분은 신태보가 직접 증언하거나 기록할 수 있는 부분이 아님은 물론이다. 그러나 그 내용들이 신태보와 밀접히 관계되는 것이므로 여기에 포함시켜 수록하고자 한다.

특징과 의의

1. 초기 한국 천주교회의 증인이며 교회 역사와 호흡을 같이했던 한 인물의 삶의 기록을 구체적으로 살펴볼 수 있다. 박해로 인해 천주교 신앙이 위축감이 들 때마다 신앙의 불씨를 되살린 분의 노력을 만날 수 있다. 그리고 박해와 고문 앞에서 신태보가 갖고 있던 삶과 신앙에 대해서 생생하게 묵상할 수 있도록 이끌어 주고 있다.

2. 한국 교회 순교영성의 가치를 생생하게 드높이며, 삶으로 순교영성을 지켜낸 교우촌 전통에 대한 생생한 증언을 담고 있다. 또한 교우촌의 생성과 이동 경로, 그리고 교우촌 생활 안에서 당시 신자들이 겪는 모진 삶과 그 안에서도 철저하게 하느님 신앙을 증거 했던 신앙 선조들의 신앙 내용을 확인할 수 있다.

3. 박해 당시에도 신자들이 사제를 만나 성사생활을 하려는 열망을 볼 수 있다. 이는 곧 조선 교회가 성직자 영입 운동을 어떻게 전개했으며, 그 일을 위해 일반인들이 어떻게 협력했는지도 알 수 있다. 또한 당시 신자들 사이에서는 순교자를 공경하는 마음에서 순교자의 유품을 간직하고 있었고, 이를 통해 순교자 신심을 키워 나가던 모습도 살펴볼 수 있다.

4. 달레의 『한국천주교회사』의 근간이 되는 중요한 내용으로, 원사료를 직접 접할 수 있다. 순교자들의 이야기를 수집하던 다블뤼 신부는 수집한 자료에 관해서 자신의 생각을 메모 형식으로 삽입해 놓았는데, 이를 함께 살펴봄으로써 신태보 『수기』에 대한 자료 수집자 다블뤼의 생각 등을 직접 확인할 수 있다.

번역 노트

믿음살이 일생을 기록한 자필 약전의 참 교리

유소연

『신태보 옥중수기』는 다블뤼 주교의 『조선 순교자 역사 비망기 Notes pour l'histoire des martyrs de Corée』[1] (이하 『비망기』)를 저본으로 하여 거기에 수록된 신태보의 수기 les mémoires de Sin [T'ai po] Pierre만 가려 내서 번역한 것이다.

이 작업을 위해서 『비망기』의 신태보 수기 내용과 신태보와 관련된 대목에 해당하는 부분의 판독본[2]을 필사본과 대조했고, 그 과정에서 발견된 오류를 수정하여 번역하였다. 또한 다블뤼 주교가 1860년에 완성한 『비망기』에 앞서 1858~9년에 이미 순교자 자료를 수집하여 작성한 『조선 주요 순교자 약전 Notice des

---

1 다블뤼 주교의 『조선 순교자 역사 비망기 Notes pour l'histoire des martyrs de Corée』는 현재(2016)까지 완역본은 출간되지 않았으나, 한국교회사연구소에서 발행하는 월간 『교회와 역사』에 꾸준히 번역·연재되고 있다.
2 『비망기』 판독본, 한국천주교주교회의 문화위원회 간행, 2012.

principaux martyrs de Corée』[3](이하 『순교자 약전』으로 약칭함)에도 신태보의 수기가 수록되어 있으므로, 『순교자 약전』에서 「신태보 약전」 편의 원본과 번역본을 함께 참조하였다.

다블뤼 주교의 위의 두 기록물과 조선에서 사목활동을 펼친 파리외방전교회 선교사들의 서한을 토대로 하여, 1874년에 파리외방전교회의 샤를르 달레 신부가 편찬한 『한국천주교회사 *Histoire de l'Eglise de Corée*』에서 신태보 수기 부분의 원본과 번역문도 확인하였다.

『신태보 옥중수기』의 구성

다블뤼 주교는 그의 『비망기』에서 '신태보의 수기'를 'les mémoires de Sin [T'ai po] Pierre'로 표현하며, 순교자들의 역사를 전개하는 흐름 속에서 필요한 대목에 단편적으로 직접, 간접적으로 인용하였다. 그렇게 인용된 신태보의 수기 부분만 뽑아내 단행본 번역서로 나온 『신태보 옥중수기』는, 오롯이 신태보의 육성에 집중해서 귀를 기울이게 해 주리라 믿는다. 그러면서도 다른 한편으로는 『신태보 옥중수기』가 『비망기』 안의 전체

---

3 다블뤼 주교의 이 기록물은 완역되어 단행본으로 간행되었다. 유소연 역, 『조선 주요 순교자 약전』, 내포교회사연구소, 2014.

맥락에서 떨어져 나와 파편화된 텍스트로 읽히지 않을까 우려스럽다. 그 점을 감안해서 신태보의 수기를 『비망기』 전체 흐름에 맞추어 읽는 데 도움이 되도록 〈표1〉(24p)로 정리해 보았다. 〈표1〉에 정리된, 수기에 나타나는 시간적 배경은 『비망기』의 순교사 전개 과정 안에서 신태보의 위치를 가리킬 것이며, 수기의 공간적 배경은 신태보의 동선을 제시함으로써 그의 신앙 여정의 행보를 간파하는 데 도움이 되리라 믿는다.

신태보 옥중수기 작성 시점과 동기

다블뤼 주교는 신태보가 투옥돼 있는 상황에서 샤스탕 신부의 권유로 수기를 썼다고 전하며, 그 시기는 '아마도probablement' 1838년이라고 했다.

샤스탕 신부는 1837년 1월에 조선에 들어와 모방 신부와 구역을 나누어 전교와 사목활동을 펼쳤다. 샤스탕 신부는 특히 남쪽 지방을 맡아 사목활동을 전개하였고, 그해 말에 입국한 제2대 조선교구장 앵베르 주교를 만나러 1838년 5월에 서울로 올라갔다.

신태보 옥중수기 작성 동기와 시기를 보다 분명하게 밝히는 데 뒷받침해 주는 흥미로운 자료가 있는데, 앵베르 주교의 동료였던 액스Aix 교구의 주르당Jourdan 신부의 기록이다. 그는 벗이

〈표1〉 『비망기』에 수록된 『신태보 옥중수기』의 구성

수기 인용 순서	수기의 시간적 배경 (단락 소제목)	수기의 공간적 배경	수기의 내용	서술 기법
1	대략 1838년: 수기 작성 연도 (신태보 소개)	전주 감영: 수기 작성 공간	신태보에 관한 소개와 신태보가 수기를 작성한 동기	다블뤼 서술/신태보의 수기를 간접화법 형식으로 전개
2	1791~1801(신유년 박해 직후 주문모 신부를 찾아나선 신앙 여정)	이천, 서울	진산사건 이후의 변화, 교우들(남인파)의 폐쇄적인 태도와 교류 단절, 시촌 이여진과 상사를 받기 위해 신부를 찾아나선 신앙 여정, 주문모 신부의 순교 소식	신태보의 수기 직접 인용
3	1799(기미)년 음력 8월 (정조가 최필공을 심문하다)	서울	정조가 최필공을 문초: 다블뤼는 황사영 알렉산데의 맞을 빌려, 1799년 음력 8월에 정조가 최필공을 불러 사교를 실천하느지 물은 적이 있다며, 신태보의 수기에 수록된 '어느 신자'의 문초 내용을 인용	신태보의 수기 직접 인용

4	1801(신유)년 박해 전후 (주문모 신부의 유물/ 어느 동 정부 인화)	미상	교우들의 주문모 신부의 유품 공경	신태보의 수기 간접 인용
			주문모 사목 시기의 동정부부 일화	이태권(이성화)의 수기 직접 인용
5	1801(신유)년 박해 이후 (신유박해 이후 구전되는 기적들)	홍주, 청주의 무검동(처형지)	교우들 사이에 구전으로 전해지는 박해지에서 일어난 기적들, 주문모 신부 순교 당시 일어난 기적	이태권(이성화)의 수기 직접 인용
			신태보 자신이 직접 목격한 기이한 현상	신태보의 수기 직접 인용
6	1804년 (사촌 이여진을 위한 구명활동)	이천, 양근, 서울	사촌 이여진의 체포되자 신태보가 이여진의 석방을 도움	다블뤼 서술. 신태보의 수기 내용을 간접적으로 인용한 것으로 보임
7	1801년 말~ 1815년* (박해 시대의 신자공동체 생활상: 강원도 산골에서 일군 신자 공동체)	이천, 용인, 용인에서 도보로 8일 걸리는 거리의 강원도	용인에 사는 순교자 가문의 유족들과 함께 신앙생활을 위해 강원도로 이주, 이주 과정의 곤란과 강원도에서 공동체 생활을 하며 쥐운 고초	신태보의 수기 직접 인용

번역 노트   25

			1827년 박해 때 체포된 신태보가 한때 배교의 뜻을 표한 적이 있다는 소문에 대한 다블뤼의 변론	다블뤼의 메모
8	1827(정해)년 (신태보가 한때 배교의 뜻을 표한 적이 있다는 소문에 대한 다블뤼 주교의 변론)			
9	1827(정해)년 음력 4월 22일~5월 5일 (투옥, 7회 문초와 고문)	경상도 창원, 전주 감영	신태보의 체포와 전주 감영에서 받은 7회 문초 내용	신태보의 수기 직접 인용
10	1839(기해)년 5월 29일/음력 4월 17일 (미완의 수기, 순교로 완성하다)	전주 감영	사형선고를 받고 순교	다블뤼 서술
11	1839년 11월 30일/양력 1840년 1월 4일 (최조이 바르바라의 문초와 순교)	전주 감영	신태보의 며느리, 최조이 바르바라 문초 내용	다블뤼 서술

* 1815년으로 시기 구분을 한 근거는, 다블뤼 주교가 『조선 순교자 역사 비망기』를 연대순으로 서술해 가는 과정에서 '1801년 말부터 1815년까지'로 구획한 범주 안에 이 부분의 신태보 수기를 인용한 데 두었다.

었던 앵베르 신부를 비롯한 샤스탕 모방 신부의 순교 소식을 접한 뒤 1858년에 이 세 명의 한국 사목활동에 관한 일종의 약전을 저술했다.[4] 거기에 다음과 같은 내용이 나온다.

> 샤스탕 신부가 조선에 들어가 받은 첫인상은 끔찍함이었다. 감옥에 갇혀 있는 5명의 신앙 고백자가 다리를 부러뜨리는 잔혹한 형벌들을 견뎌내야 했다는 이야기와, 자기가 조선에 입국한 날에, 어느 열심한 여교우 과부가 입술을 찢기는 형벌을 받고 그 후유증으로 죽었다[5]는 이야기를 들었다.[6]

샤스탕 신부가 입국해서 조선의 교우들의 상황에 대해 전해 들은 이야기 중에 '고문을 받고 감옥에 갇혀 있는 5명의 신앙 고

---

4 Jourdan, H.-P.. 《엑스 교구 출신 앵베르 주교와 두 동료, 모방 신부와 샤스탕 신부의 순교와 약전 *Travaux et martyre de Mgr Imbert de Cabriès, diocèse d'Aix, et de ses deux compagnons, MM. Maubant et Chastan*》 Marseille, Imprimerie et Lithographie de P. Chauffard, 1858.

5 김선사 아가타를 말함. Daveluy, Notes, p.357.

6 Jourdan, ibid, p.36: "Ses premières impressions à son arrivée en Corée furent pénibles. Le récit des tourments que l'on faisait endurer à cinq confesseurs de la foi, retenus en prison , la cruauté avec laquelle on avait brisé les jambes et déchiré les lèvres d'une pieuse veuve, qui expira à la suite de ces tourments(······)"

백자'에 관한 정보는 그에게 깊은 인상을 심어 주었다. 그가 들은 '5명의 증거자'가 전주 감영 옥에 갇힌 신태보를 비롯한 김대권 베드로, 이성화 베드로, 정태봉 바오로, 이일언 욥일 거라고 짐작되는 또 다른 단서가 주르당 신부의 동일한 기록에 나타난다. 1839년에 기해박해가 터지고 사방에서 교우들의 체포와 처형 소식이 들려오고 있었다.

> 앵베르 주교는 어느 지방에서 사형을 선고받고, 10년 넘게, 10년 넘게 감옥에서 죽음을 기다리던 다섯 교우가 급기야 칼을 받고 그토록 길고도 잔혹했던 감옥살이를 끝냈다는 소식을 듣고 이것을 기록하였다.[7]

앵베르 주교가 '5명의 증거자'에 관해 나타낸 심정은 '10년 넘게'를 반복해서 사용함으로써 안타까움을 표현했고, "급기야 enfin"에는 그만큼 앵베르 주교 역시 그들에게 꾸준히 주목하고 있었음을 보여 준다. 신태보가 교회의 유익을 위해 기꺼이 맡았던 활동들, 이를테면 사제 영입을 위한 봉사, 기도경문을 필사,

---

7 Jourdan, ibid, pp.68~69: "Le saint prélat apprit et nota que, dans une autre province, cinq chrétiens, condamnés à mort depuis dix ans, depuis dix ans attendant la mort en prison, avaient enfin terminé par le glaive cette longue et cruelle captivité."

유포하여 목자 없는 교우들에게 신앙의 끈을 놓지 않도록 애쓴 점, 그러나 바로 그 수고가 보은이 아닌 배은이 되어 돌아와 그에게 모진 고문과 긴 투옥 생활을 가져다 주었다는 사실이 교우들 사이에 널리 구전되었을 것이고, 앵베르 주교도 그들에게 끊임없는 관심과 격려를 지원했을 것이다.

위의 내용들을 정리하면 첫째, 샤스탕 신부가 1837년 중순부터 남쪽 지방을 전교했다, 둘째, 샤스탕 신부는 입국 직후부터 '투옥되어 혹독한 고문을 받고 있는 5명의 증거자'에 대한 이야기를 들었다, 셋째, 앵베르 주교가 1839년 6월 2일에 '어느 지방의 5명의 증거자' 순교 소식을 듣고 가슴 아파하며 그들의 순교를 기록했다로 요약된다. 따라서 샤스탕 신부는 1837년에 남쪽 지방을 순방사목하며 들은 신태보에 관한 정보를 이듬해 앵베르 주교를 만나 전했을 것이고, 주교는 신태보에게 조선의 교회사에 반영될 옥중수기를 기록하라고 샤스탕 신부를 통해 전했을 것이다. 따라서 신태보의 옥중수기는 1838년 5월 이후, 앵베르 주교의 지시에 따라 작성되었으리라 짐작된다.

신해(1791)박해 이후부터 신유(1801)박해 전후까지 신태보의 동선과 신앙 여정

다블뤼 주교가 수록한 신태보의 수기 첫 단락은 시간적으로는 진산사건으로 빚어진 신해박해 직후부터 주문모 신부의 순교 소식을 전하는 신유박해까지 대략 10여 년간 신태보의 신앙 여정을 회고하는 내용을 담고 있다. 그 시기 동안 그의 공간적 행보는 그가 살고 있던 경기도 이천 고을과 서울을 왕래한다.

신태보는 이종사촌인 이여진과 함께 같은 회장에게서 교리를 배웠다. 그는 입교하고 처음엔 미온한 태도로 신앙생활을 했으나 부모를 여의고 홀로되고 나서부터 신앙에 더욱 의지하게 되었다고 고백하는데, 조정의 천주교 금압령과 신해박해 이후 단절된 교우 간의 교류로 인해 그의 신앙 열의는 난관에 봉착한다. 신태보는 이여진과 둘이 기도생활로 서로 격려하면서 끊임없이 교우들과의 연결을 시도했고 특히 무오년 음력 12월(양력 1799년 초) 전후로는 조선에 신부가 들어와 있다는 것을 어렴풋이 감지하고는 신부에게서 성사를 받고 싶은 일념으로 이천과 서울 140리 길을 수차례 왕래한다. 이여진을 아예 혼자 서울로 이주시켜 서울에서 교회 소식을 듣고 신부와 연결되기를 시도해 보기도 한다. 그러나 두 사람은 그 모든 노력에도 불구하고 끝내 신부를 만나지 못한 채 신부의 순교 소식을 듣게 된다.

신태보가 성사생활을 염원해서 신부를 만나기 위해 끊임없는 노력을 기울이는 동안, 사실 주문모 신부가 1794년 12월에 조선에 입국해서 성사를 집전하고 있었다. 그러나 입국 6개월 뒤에 그의 잠입 사실이 알려졌고 신부를 안내한 윤유일과 지황이 처형되었다. 이미 1791년에 윤지충이 모친상을 당하고도 제사를 지내지 않고 신주를 불살랐다는 이유로 권상연과 함께 참수되는 사건을 겪은 신자들은 천주교를 신봉함을 드러낼 수 없었던 상황이었다. 그런데 또다시 교회사업 주역 인물 둘이 참수치명하고 신부의 존재마저 위협받게 되니 교우들의 교류는 서로의 신분이 확실한 범위 안에서 제한적일 수밖에 없었고 신부의 성무집행도 그 범주 안에서 수행되었다. 신태보가 끝내 신부를 만나지 못한 데 대한 아쉬움을 다블뤼는 "조선의 신자들로서는 신자 공동체 전체의 구원이 유일한 목자에게 달려 있다고 여겨, 그 목자를 지키기 위해 엄격히 신중에 신중을 기했던 당시의 상황은 불가피했던 일"이라고 해명한다.

신태보가 비록 신부에게서 직접 성사를 받지 못했지만 훗날 수기를 쓰면서 그에게 교리를 가르친 스승의 이름이나 그가 서울로 찾아갔던 신자의 이름, 그리고 정조正祖가 문초했다는 교우의 이름을 수기에 밝히지 않은 이유도 이와 같은 맥락이었을 것이다. 그가 수기를 써내려 갔던 시점이 여전히 박해 시기였기에 만일의 경우를 대비해서 교회와 교우들을 보호하기 위해 누구의 이름도 드러내지 않았을 것이다.

정조와 어느 신자[최필공 토마스]의 문답

다블뤼 주교는 신태보의 수기에 담겨 있다며 어느 신자가 받은 문초 내용을 소개한다. 그러면서 임금 앞에서 천주교 교리를 조목조목 설명하는 기개를 봐서 그 '어느 신자'가 바로 최필공 토마스일 거라고 생각한다고 하였다.

신태보 수기에 수록된 문초 내용만 봐서는 정조가 친국한 신자가 누구인지 또 시기가 언제인지 알 수 없다. 그래서 다블뤼 주교가 왜 이 심문 내용을 최필공과 연결 지었는지를 이해하기 위해 신태보 수기를 인용하기 바로 전의 다블뤼 주교의 서술을 살펴볼 필요가 있다. 그 부분을 번역해 옮기면 다음과 같다.

> 그해(1799, 기미년) 대사간 신헌조가 권철신과 정약종을 유럽 종교의 중심인물로 지적하여 임금에게 상소를 올리며 그들을 소추할 것을 요청하였다. 임금은 두 사람의 이름이 거론되는 것을 듣자마자 상소를 지은 대사간을 엄히 질책하고는 그의 관직을 박탈하고 차후로도 그 일에 대해 소를 올리는 것을 금하니, 이로 인해 당분간 천주교의 적들의 술책은 성공하지 못하였다.

자기 신하를 아꼈던 임금은 다수의 유능한 인재들이 천주교를 신봉하는 것을 보고 일체를 침착하게 검토하고 싶었다. 임금은 그해 여러 차례 천주교인들을 친국하였는데, 그것은 일을 더 소상하게 알아보기 위함이었고 또 그가 보기에 새로운 교와 남인파에 거슬러 고조되어 있는 맹목적인 분노를 따라 행하고 싶지 않아서였다.

(황사영이 [백서에서] 말하기를, '기미년(1799) 음력 8월에 임금께서 갑자기 최필공 토마스를 형조로 불러내어 그에게 아직도 사교邪敎를 신봉하느냐고 물으셨습니다. 토마스는 지난날의 자신의 잘못을 기워 갚기 위해 끊임없이 죽음의 고통을 겪으리라 생각해 왔던 터라 드디어 그가 소원하던 바를 이룰 기회가 왔다고 생각하였습니다. 그리하여 목숨이 걸린 일이라는 것을 잘 알면서 그는 천주교의 교리와 자기 마음을 자극해 왔던 진실된 통회의 감정을 솔직하게 진술하였습니다. 분명하고 힘이 넘쳤으며 예의 바른 그의 언사는 거기에 참석해 있던 모든 이들에게 깊은 감동을 주었습니다.')[8]

다블뤼 주교의 서술에 따르면, 우선 다블뤼는 기미년에 대사간 신헌조를 통해 천주교인을 배척하라는 상소가 증가했다고

---

8 Daveluy, Notes, p.76.

설명을 한 뒤, 정조 임금은 신하를 아끼는 마음과 천주교를 정치에 악용하여 이익을 도모하려는 세력의 움직임을 경계하여 신헌조의 관직을 박탈했음을 밝힌다. 이렇게 정조의 정치철학의 배경을 서술하고는 이어서 황사영의 백서 내용을 괄호로 삽입하였다. 그 이유는 바로 앞에서 언급한 정조가 "여러 차례 천주교인들을 친국하였다."는 대목과 황사영이 기록한 정조의 최필공 친국 대목을 연결 짓기 위한 것이다. 그리고 나서 신태보의 수기 중 정조가 친국한 '어느 신자'의 심문 대목을 인용하면서 그 대목에 등장하는 신자가 최필공일 것으로 생각한다며 아예 최필공의 기개를 엿보는 일화로 단정 지었다.

이와 같은 다블뤼 주교의 서술 흐름에서 과연 신태보 수기의 '정조와 어느 신자의 문답'을 최필공의 신문으로 간주할 것인지에 대해서는 이를 증빙해 줄 분명한 자료가 뒷받침되어야 한다고 보인다. 『정조실록』에서는 정조 임금이 최필공을 친국한 기사는 발견되지 않는다. 그러나 황사영이 백서에서 그렇게 기록했다면, 당시 정부에서 발행되었던 조보朝報에 이 내용이 담겨 있었을 가능성이 있고 그것을 신태보가 확보하고 있다가 수기에 수록했을 것이다. 더군다나 신태보가 수기를 쓴 시점이 1838년임을 의식할 때 1799년의 문답 내용을 조목조목 적은 것은 기억에 의존한 신태보의 회고로 보기는 어렵고, 그가 어떤 기록을 참고했다면 납득이 될 대목이다.

정조와 어느 신자의 문답은, 심문하는 임금과 심문을 받는 죄인의 화법이 바뀌었다는 인상을 준다. 요컨대 죄인의 목소리는 우렁차고 임금의 말소리는 부드럽다. 상식적으로 맞지 않는 장면이라 할 수 있을 것이다. 그러나 그때의 교우들은 상식 바깥의 사람들이 아니었던가. 그리스도의 사랑에 포획된 그들은 어디서든 누구 앞에서든 목숨을 걸고 자신의 사랑을 드러내 자랑하고 싶었고 그 사랑을 목소리 높여 웅변하고 싶었다. 그러니 이 대목의 '어느 신자'는 당시의 신자들 중 어느 누구여도 좋고 다블뤼 주교가 말하듯 최필공이어도 되고 어쩌면 신태보 자신의 목소리라고 해도 이상할 것이 없지 않을까.

신유(1801)박해 이후 정해(1827)박해까지 신태보의 동선과 신앙 행적

이천(혹은 서울)⇒홍주⇒청주(무겹동) (〈표1〉 4와 5의 수기 내용)

신유박해 이후 신태보는 순교자와 순교지에 관심을 가졌다. 특히 교우들 사이에 구전되는 여러 기적 현상들을 수기에 기록했다. "사람들은 많은 순교자들의 유해 곁에서 일어난 무수한 기적들에 대해서 이야기한다. 나는 여러 사람들의 입을 통해서 그 소식을 들었을 뿐이다. 그러나 그러한 기적이 일어날 수 있다는

가능성을 어찌 우리가 납득하지 못하겠느냐."라고 하면서 신태보 자신이 들은 홍주 교우들 순교 현장과 청주의 교우들 처형지에서 일어난 초자연적인 현상에 대해 기록했을 뿐만 아니라 청주 무겁동에서 자신이 직접 목격한 현상을 증언하기도 했다.

신유박해 이후 교우공동체는 흩어졌고 교우들은 슬픔에 빠져 신앙생활을 포기하거나 아니면 목숨을 걸고 아주 비밀리에 기도 생활을 해야 했다. 목자도, 지도자도, 교리책도 없는 상태에서, 순교자와 관련된 기적 현상은 교우들 사이에서 퍼지며 단절되었던 교우들을 결속시켰을 것이다. 순교 현장에서 벌어진 불가사의한 현상은 그것을 목격한 비신자들과 박해자들을 교회로 인도하는 결과를 낳기도 하였다. 이러한 일련의 효과를 경험한 교우들은 '순교'를 '하느님 안에서의 죽음'으로 이해했고, 순교는 하느님 나라의 확장으로 이어진다는 순교의 의미를 체득했을 것이다.

신태보는 윤지충과 권상연이 처형당했을 때 겁먹었다고 수기에서 적었다. 그러나 신유박해 이후 그는 '기적이 일어날 수 있다는 가능성'을 믿는다고 힘주어 말하게 될 정도로 순교의 의미를 깊이 체험하였다. 그의 행보가 홍주와 청주의 순교자 처형지로 이어지며, 순교로 인해 벌어진 '희한한 일들'을 수기에 증거 할 수 있었던 이유도 바로 그 힘에서 비롯되었을 것이다.

용인⇒강원도 산골 (⟨표1⟩ 7의 수기 내용)

순교를 적극적으로 이해하게 된 신태보는 용인에 사는 순교자 유족을 찾아내서 그들과 신앙을 나누고 서로 격려하며 소공동체 생활을 실천한다. 그리고 보다 자유로운 신앙생활을 하기 위해 그들과 강원도 오지로 들어가 교우촌을 일구는 과정을 신태보는 상세하게 묘사했다.

> 어서 이 지옥에서 벗어나 낙원을 찾아가겠다는 오로지 그 생각만 하고 다섯 집이 저마다 먼저 떠나겠다고 말다툼하며 실랑이를 벌이고 서로 삐치기까지 했다.

그러나 그들이 도착한 목적지는 낙원이 아니고 추위와 굶주림에 맞서야 하는 강원도 깊은 산속 인적이 끊긴 곳이었다. 이러한 오지의 현실과 맞닥뜨리자 그들은 좌절했고 오히려 떠나온 것을 후회했다.

> 살 가망은 도무지 보이지 않고 어디를 보나 우리는 죽을 판국이라, 그들은 자기네를 이 끔찍한 처지로 몰고 간 원인이 천주교 때문이라고 투덜대며 이러한 불행을 자초한 자신들의 신세를 한탄하였다.

시련 앞에서 흔들리는 그의 공동체, 그들의 '병을 고치고 그들의 불안을 진정시킬 수 있는 유일한 약'은 그들에게 먹을 것을 제공하는 것일 뿐, 그거 말고는 다른 어떤 것도 소용이 없었다고 신태보는 말한다. 신태보가 모든 장애를 해결해 주고 일신상의 편의를 제공해 주면 공동체는 다시 기쁨이 살아났고 서로를 아끼는 듯하다가, 다시 곤란이 닥치면 '모두들 얼굴빛이 어두워지고 침통해하였다.'

신태보는 용인의 다섯 집 식구 40명과 신태보의 식구 2명, 총 43명이 신앙 안에서 생활하는 교우공동체를 형성하였다. 그의 공동체는 그들이 살고 있던 이천과 용인으로부터 8일간 걸어서 들어간 강원도의 깊은 산속에 위치했다. 비록 함께 이주한 사람들이 나이가 많은 여성들이라 걷지도 못했고, 워낙 길이 험해 하루에 이동할 수 있었던 거리가 그리 길지는 않았겠지만, 그럼에도 8일이 걸리는 거리였다면 강원도에서도 상당히 깊숙한 내지로 들어간 것이다.

신태보는 신체적으로, 정신적으로 나약한 공동체 구성원을 이끌고 가면서 외적으로는 갖은 물리적 곤란과 역경에 홀로 맞서 극복해야 했고, 내부적으로는 시련을 맞을 때마다 흔들리고 꺾이는 공동체 식구들의 사기를 일으켜 세워야 했다.

서울 (……)⇒경상도 상주⇒전주 감영

신태보는 정해박해(1827) 때 경상도 상주에서 체포되어 전주 감영으로 압송되고 그곳에서 7회에 걸쳐 잔혹한 고문을 받으며 재판을 받았다(〈표1〉 9, 10의 수기 내용).

그런데 수기에서는 신태보가 체포되기 전까지 상당 기간 동안 그의 행보를 찾아볼 수 없다. 1804년에 사촌 이여진이 체포되었을 때 신태보는 서울로 가서 그의 석방을 도왔고(〈표1〉 6의 수기 내용), 강원도에서 교우공동체를 형성한 내용을 제외하면 신유박해 이후부터 정해박해까지의 신태보의 동선은 드러나지 않는다.

사실 그 기간 동안 신태보는 교회사의 중요한 역할을 담당했다. 주문모 신부의 순교로 목자를 잃은 한국 교회는 사제 영입을 위해 부단히 시도했는데, 신태보는 그 시도가 가능하도록 뒷바라지를 맡아 조역을 수행한 것이다. 조선 땅에 다시 신부가 들어오기까지 그의 조력이 미친 영향에 대해서 언급하지 않을 수 없는데 이 부분에 대한 기록이 수기에 빠져 있다. 신태보 자신이 그 이력을 수기에 쓰지 않았을 수도 있지만, 다블뤼 주교가 수기를 발췌하는 과정에서 빠뜨렸을(혹은 뺐을) 가능성도 있다. 다블뤼 주교의 『비망기』에 빠져 있는 이 부분을 『순교자 약전』의

「신태보 약전」편에서 찾아 보완하면 다음과 같다.

> 1801년에 그들(신태보와 이여진)이 미처 만나 보지도 못한 [주문모] 신부의 사망 소식을 접하게 되었다. 베드로는 일이 년간 낙담해 있다가 홀아비가 되어 여러 곳을 돌아다니며 행상을 하였다. 그러다 은총을 입어 신앙생활을 하기 시작했고 이내 몇 가족과 함께 강원도 산골로 이주했다. 그때부터 그는 오로지 조선에 신부들을 들어오게 할 방법을 모색했고, 그의 친척 요한은 그 목적을 위해 서울에 정착했다. 베드로는 한편으로는 자기 가족을 부양하면서 또 다른 한편으로는 사제 영입을 위한 특사의 북경 여행 경비를 마련하기 위해 교우들을 찾아다니며 조금씩 모금하느라 애를 썼다. 그는 이와 같은 방식으로 항상 사제 영입을 위한 수고에 동참했다. 베드로의 삶은 수차례에 걸친 이주의 고단함과 부모를 여의고 또 그를 부양할 수 있었던 자식마저 잃어버리는, 불행으로 점철된 인생이었다. 그는 교회 서적을 많이 필사하였고 기꺼이 교우들을 가르치고 권면하는 데 전념하였다. 그리하여 그는 모든 교우들의 눈에 좋은 말과 귀감으로 그 공동체를 이롭게 하려고 덕행을 실천한 인물들 중 한 명으로 비쳐지고 있다.[9]

---

9 『조선 주요 순교자 약전』, 123~124쪽.

정해년(1827)에 상주에서 체포되기 전까지 신태보는, 사제 영입을 위한 특사의 북경 여행 경비를 마련하기 위해 교우들을 찾아다니며 모금하고, 사제 영입을 위한 수고에 동참했으며, 교회 서적을 많이 필사하고, 덕행 실천으로 공동체를 이롭게 하는 등 교회의 유익을 위해 많은 활동을 전개했다. 이 시간 동안의 공간적 배경으로는, 신태보 베드로가 수차례 이주를 했다는 사실도 알 수 있다. 신태보는 수차례 이주를 하면서 정착지에서 개인의 신앙생활을 이어 갔을 뿐 아니라 『비망기』에 수록된 강원도의 교우공동체와 같은 크고 작은 공동체를 심어 놓았을 가능성도 배제할 수 없다.

1827~1839년, 13년의 옥살이와 순교

[주문모] 신부가 순교한 이래 조선 교우들은 성직자의 도움을 받지 못하고 있습니다. 조선의 열심한 신입 교우들이 매년 밀사를 보내어 성직자들을 보내 달라고 북경 주교에게 간청했지만 북경 주교는 이제까지 그 간청을 들어주지 못하고 있습니다. 최근에 조선 교우들은 같은 내용의 서한을 로마로 보냈습니다. 제가 착각하지 않는다면 이는 교황님께 올린 두 번째 서

한입니다. (……)

어째서 저 불쌍한 조선 교우들을 돌볼 사제가 온 유럽에 하나도 없단 말입니까?

위의 인용문은 1827년 2월 4일자 브뤼기에르 신부의 편지에 나오는 대목이다. 조선에서 몇몇 교우가 신자들을 대표해서 1811년과 1825년에 목자 없는 조선 교회의 상황을 알리며 사제 파견을 요청하는 편지를 써서 북경 주교와 교황에게 보냈었다. 그 편지가 1827년에야 로마 교황청 포교성에 전달되었다. 당시 페낭에 있던 브뤼기에르 신부 역시 조선 교우들의 편지를 읽고 조선 교우들의 간절한 부름에 브뤼기에르 신부가 응답하는 순간이다. 조선의 교우들이 그토록 오랫동안 염원한 사제 영입(신태보 베드로가 그 일을 위해 얼마나 수고했는지는 앞에서 언급했다.)이, 1827년 2월의 브뤼기에르 신부의 편지에서부터 구현되기 시작했다. 브뤼기에르 신부의 마음속에서 응답이 일어난 두 달 뒤인, 1827년 (음력) 4월 22일은 신태보가 체포되고, 7차례에 걸친 잔혹한 형문을 받고서 13년이나 이어질 감옥살이가 시작되는 시점이다. 브뤼기에르 신부의 응답과 신태보의 체포, 이 두 사건이 두 달 간극으로 거의 같은 시기에 겹치는 것은 우연처럼 보일 수도 있지만, 신앙 안에서 우연은 섭리가 된다. 실제로 파리외방전교회 소속 브뤼기에르 신부는 1829년에 조선 파견 선교사를 자원하는 청원서를 포교성에 보내고, 불가능하게 보였던 현실적인 모든 여건들은 섭리의 작용으로 가능하게 되었다.

신태보가 옥에 갇혀 있던 13년 동안

1831년에 조선은 교구로 설정되었고, 동시에 브뤼기에르 신부는 조선 교구 초대 대목구장으로 임명되었다. 조선에 대한 애정을 품고 브뤼기에르 주교는 즉시 조선 입국을 향해 지난한 여정을 시작했지만, 무리한 여행에서 누적된 과로로 병을 얻어 1835년에 조선 땅을 눈앞에 두고 하늘나라로 떠났다. 그러나 그가 놓은 초석은 후배들에게 디딤돌이 되어 주었고, 이듬해 1836년에 모방 신부가 최초로 입국했고, 1837년에 샤스탕 신부와 제2대 대목구장 앵베르 주교가 입국하였다. 이렇게 해서 조선 교회는 주교와 2명의 선교사 신부를 맞이하게 되었다.

신태보 베드로는 감옥 안에서 모든 소식을 전해 들었을 것이며, 비록 자신은 신부를 만나 성사생활을 하는 행복을 누리지 못했어도 조선 교회에 큰 은총을 허락해 주신 하느님께 감사드리기 위해 자신의 처지를 기쁘게 희생으로 봉헌했을 것이다.

신태보 베드로의 수기는 1791년 진산사건으로 빚어진 박해 상황을 회고하면서 시작된다. 그가 1838년, 즉 순교하기 직전에 수기를 작성했으니 그의 회고록은 자신의 믿음살이 일생을 기록한 자필 약전이 될 것이다. 또한, 그의 수기는 1791년부터 1838년까지 관통하면서 초기 한국 교회사를 증거하는 증언록이기도 하다. 박해 시대 쓰러져 가는 교회를 다시 일으키고자 교우공동체를 형성하고, 성사은총을 소원하여 목자 영입을 위해 오랜 노력과 수고를 마다하지 않았다. 좌절된 것처럼 보였던 그 소원이 응답을 받는 순간 천주 섭리는 그의 희생을 요구했다. 그는 육체적 고통과 13년의 기나긴 인내를 기꺼이 희생으로 봉헌했고, 한국 교회는 주교와 선교사 신부들을 맞이하는 은총을 누릴 수 있었다. 비록 신태보 자신은 목자가 베푼 성사은총의 수혜자가 되지는 못했지만, 더 큰 은총을 입고, 한 분 주교와 두 분의 신부와 함께 같은 해 순교하는 영광을 차지하게 되었다.

1827년 잔혹한 문초와 형벌을 받고 감옥에 남아 있는 신태보 베드로와 함께 1838년 시점에서 미완으로 남아 있던 신태보의 수기는 저자의 순교로 완성되었다.

이렇게 신태보가 자신의 순교로 완성시킨 수기를 한데 모아서 정리하고자 하여 이 책을 엮었다. 이제 독자 여러분의 질정叱正을 기다리겠다.

신태보
옥중수기
번역문

1. 신태보 소개 (f.72)[1]

[주문모] 신부가 조선에 들어와 있다는 사실을 많은 신자들이 추측은 하고 있었으나, 실제로는 그의 존재가 외부에 알려지지는 않았다. 그것을 입증하는 대목이 태보라 불린 신 베드로의 수기에 나온다. 실로 그의 수기가 우리에게 전해지지 않았던들 우리는 그 당시의 수많은 교우들이 겪었을 일들을 알지 못하였을 것이다. 그의 수기를 소개하기에 앞서, 천주교를 위해 봉사하다 1839년에 끝내 피로써 신앙을 증거 한 저 유명한 그리스도인에 대해 간단히 소개하고자 한다.

태보라 불린 신 베드로는 경기도 이천 고을 동산 밑에 사는 잔반 출신이었다. 동산 밑 마을에 사는 데다 당당하고 의로운 성격을 지닌 그가 어느 정도 학식까지 겸비하다 보니 세사世事에 밝았다. 그는 같은 마을에 사는 친척이며 명문 전의 이씨全義李氏의 후손인 이여진 요한의 인도로 천주교

---

1 다블뤼 주교의 『비망기』 필사본의 쪽수를 가리킨다.

를 알게 되었다. 두 사람은 함께 천주교 교리를 공부하고는 둘 다 천주교를 위해 쓸모 있는 사람이 되기를 간절히 소원했다.

이[여진] 요한에 대해서는 뒤에 다시 언급하겠지만, 그는 훗날 끊어진 북경과의 서신 왕래를 다시 잇는다.

이제 여기에 실을 수기는 신[태보] 베드로가 기록한 것인데, 아마도 샤스탕 신부의 권유로 1838년에 옥중에서 썼을 것이다.

2. 1791~1801년(신유) 박해 직후 (ff.72-74)
주문모 신부를 애타게 찾아서

1791년 조정에서 [천주교에 대한] 첫 공식적인 금령을 내렸을 때, 나는 비록 신앙생활을 하지는 않았지만 천주교를 알고 있었다. 당시 관직에 있던 남인과 양반 신자 여럿은 예전엔 나를 아끼더니 그때부터 나를 차갑게 대하였다. 더 이상 서로 말을 섞거나 천주교 서적을 주고받을 방법이 없었다. 그들은 고개를 떨구고 문을 걸어 닫고 더 이상 교류할 생각을 하지 않았다. 나 또한 순교자 윤[지충]과 권[상연]의 처형에 겁먹어 더 이상은 아무것도 할 수 없게 되었구나 하고 생각해서 마음속에는 신앙을 품었으면서도 밖으로는 저절로 벗들과의 교류가 끊어지니 내게는 다시 일어설 힘마저 없었다. 매일기도는 바칠 때도 있고 그러지 않을 때도 있었다.[2] 나는 무엇에 생각을 집중해야 할지 몰랐다. 다행히 나는 이여진 요한과

---

2 신태보는 앞에서 "나 역시 천주교에 대해 알고 있었지만 신앙생활을 실천하지는 않았다. (je connaissais aussi la Religion sans cependant la pratiquer)"고

이 모든 상태에 관해 의논하였다. 우리는 친척지간이면서 같은 스승에게서 교리를 배웠고 서로 아주 가까이 살고 있었다. 한 달 만에 우리는 둘 다 부모를 여의고 홀로되어[3] 서로를 의지해야 하다 보니 천주교에 대한 열의가 다시 살아나는 듯싶었다. 그러나 우리의 열의라는 것이 그저 기도문을 암송하는 정도가 고작이었고 그 외에 달리 할 바가 없었다.

적었다. 그가 말한 '신앙생활 실천 pratiquer'은 외부적인 신앙행동을 의미하는 것이다. 그리고 그가 "매일기도를 바칠 때도 있고 그러지 않을 때도 있었다."라고 말한 것이나, "모친을 여읜 뒤로는 천주교에 대한 열의가 다시 살아나는 듯했다."고 기술한 내용으로 보아 신태보는 1791년이 이미 입교했을 가능성이 있다. 반면에 달레는 『한국천주교회사』에 신태보의 수기를 다음과 같이 인용했다. "나의 친척 이여진 요한과 나는 5년 전부터 교우였으나 그리 열심한 신자는 아니었다. (Mon parent Jean Ni Ie-tsin-i et moi, étions chrétiens depuis cinq ans, mais assez peu fervents.)"; Ch.Dallet, *Histoire de l'Église de Corée*, Tome 1, pp.77~78; 샤를르 달레, 『한국천주교회사』 상, 최석우·안응렬 역주, 387쪽. 달레가 인용한 수기에서 언급하는 '5년 전부터'의 기준 시점이 언제인지 분명하지는 않은데, 그 인용문이 "주문모 신부의 순교 소식을 듣게 되었다."라고 끝나는 것을 기준으로 삼는다면, '5년 전'은 1796년이 될 것이다. 그렇다면 신태보는 1796년에 입교했을 가능성도 열어 두어야 한다.

3 『비망기』에는 "이여진이 1815년에 그의 모친, 아내, 형, 형수, 그리고 조카를 3개월 동안 연달아 잃었다."고 기록되어 있다. *Notes pour l'histoire des martyrs de Corée*, p.226.

그 무렵 서울에서 벼슬을 하고 있던 신자가 있어 우리 두 사람은 그 집을 자주 찾아갔다. 우리가 사는 곳에서 거기까지 거리가 140리 길이었지만, 달마다 그 길을 두세 번 나서서 그를 만난 날도 있고 만나지도 못하고 돌아온 날도 있으나 어찌 되었든 그에게서 들은 얘기는 거의 없고 특히 천주교에 관해서는 도통 소식을 듣지 못하였다. 우리는 무엇보다도 신부의 소식을 듣고 싶었다. 만약 신부가 한 명이라도 조선에 와 있다면 우리를 신부에게 연결시켜 주기를 바랐다. 하지만 고관 벼슬길로 나선 그 신자는 그 누구보다 훨씬 말을 아꼈다. 그이가 아무 말도 않고 있으면 나도 침묵했다.

무오년 음력 12월(1799년 초) 몹시 추운 밤이라 나는 그이의 집에서 잤다. 새벽닭이 울고 밖에는 벌판과 온 산이 흰 눈으로 덮여 있는데, 그이가 자리에서 일어나더니 장롱 속에서 아이들이나 신을 만한 버선 한 벌을 꺼내 내게 건네주며 그것을 신으라고 했다. 내가 그것을 들여다보고 있자니 아이라도 신을 수 없을 만큼 작아 보여 너무 황당해,

"어찌하여 어른에게 아이들 버선을 신으라는 게요? 참으로

짓궂기도 하구려."

하고 말했다. 그러자 그이가 이렇게 대답했다.

"천주교는 아주 공평하지요. 천주교를 대함에 있어서는 어른도 아이도, 양반도 천한 사람도 없으니, 마치 아이 발에나 어른 발에나 잘 맞는 유연한 이 버선과도 같지요. 천주교에 대한 열의를 품고 있으면 신부를 뵈올 수 있을 겝니다. 조금만 힘쓰면 큰 발에 이 버선을 꿸 수 있는 것처럼 말입니다."

이미 날이 밝기 시작했고 바깥에서는 부산스레 눈을 쓰는 소리가 들렸다. 내가 애를 좀 썼더니 과연 그 버선에 내 발이 들어갔다. 그것은 서양에서 들여온 버선이었다. 양모로 지은 그 버선은 신는 사람의 발 치수에 따라 늘어났다. 옳거니, 나는 신부에 관해서 이것저것을 물어보았다. 그러나 그이는,

"내가 당신에게 말한 것으로 이미 충분합니다. 모든 건 당신의 행동에 달려 있소, 더도 아니고 덜도 아니요."

그날 이후로 나는 그 말의 속뜻을 알아내려고 서둘러 사방을 다니며 신자들을 찾아갔다. 그랬지만 어디에서도 해답은 구하지 못했다. 어찌할 방법이 없었다. 나는 흡사 병자가 된 냥 이리저리 배회하기도 했고, 이쪽저쪽으로 발걸음을 내디뎌

봤지만 종내 희망이 없어 집으로 돌아와 내 친척 이 요한에게 그간의 사정을 이야기했다. 그러자 요한은 그 이튿날로 당장 서울로 올라가 보름 정도 지나서 돌아와 하는 말이,

"뭔가 내막은 분명히 있는데 신부를 뵐 희망은 전혀 없구려."

했다. 열흘 뒤 나는 다시 서울로 올라갔다. 지인들은 이전보다 훨씬 냉랭한 모습을 보였고 일체를 감추면서 내가 채 입을 열지도 못하게 하였다. 결국엔 더 이상 찾아볼 곳도 물어볼 곳도 없던 터라 나는 한 친구 집에 가서 거기서 며칠을 묵으면서 제발 무슨 말이라도 해 달라고 그에게 간청을 했다. 친구의 대답은 이러했다.

"설령 현재 성사를 받는 사람들이 있다 할지라도 신부를 뵈올 방법은 도무지 없소. 내 보기에 자네가 여기 남아 있은들 얻을 게 전혀 없을 것이오. 그러니 자네 집으로 돌아가서 좀 기다리면서 성사 준비를 착실히 하시구려. 그것이 제일 좋은 방안이오. 내가 해 줄 수 있는 말은 그뿐이니 당신 하고 싶은 대로 하시오."

내 생각에도 그렇게 하는 것이 옳아 보여 다시 집으로 내려와 내 친척 요한에게 서울에서 있었던 일을 모두 말해 주었는

데, 나는 이야기를 하는 동안에 한껏 기쁨에 들뜨기도 하였고 한숨을 내쉬기도 하였다. 우리 둘은 번갈아 가며 일곱 여덟 번은 그 길을 다녀왔으나 번번이 아무런 성과가 없었다. 그래서 우리가 결정하기를, 우리 둘 중 한 사람이 아예 서울로 올라가 자리 잡고 사태의 추이를 살펴야겠다고 했다. 이 요한은 즉시 식솔 몇은 시골에 남겨두고 돈을 조금 마련해서 서울로 가서 자리를 잡았다.… 그렇게까지 하여도 우리는 단 한 번이라도 신부를 뵙는 기쁨을 누리지 못하였다.

그후로 한참이 지나서 [주문모] 신부의 순교 소식이 들려왔다. 그 소식을 접하니 그저 우리의 회한은 더 깊어졌고 애통한 마음만 그지없었다.

> 천주께서 끝내 그에게 신부와의 만남을 허락하시지 않았으나 이토록 진실하고 이토록 항구한 노력 앞에서 그 누구라고 감동하지 않겠는가. 어디 신태보뿐이었겠는가. 그 시기에 진리에 목말라 하던 수많은 사람들이 그와 같은 발걸음을 했으리라고 생각해 볼 때, 풍족한 은총에 둘러싸여 날마다 그 은총을 남용하는 [프랑스의] 허다한 신자들은 무슨

대답을 내놓을 수 있겠는가?

그 당시 비밀은 매우 엄격하게 지켜졌다. 그럼에도 [주문모] 신부의 존재가 조선 정부에 알려졌고, 그로 인해 매일 사방에서 신자들이 체포되고 처형되었다. 조선의 신자들로서는 신자공동체 전체의 구원이 유일한 목자에게 달려 있다고 여겨져 그 목자를 지키기 위해 엄격히 신중에 신중을 기했던 당시의 상황은 불가피했던 일이다.

3. 정조가 최[필공] 토마스를 심문하다 (ff. 76-78)[4]

> 신태보 베드로의 수기에 수록된 아래의 문답은 [최필공] 토마스가 받았던 문초로 여겨진다. 이 대목에서 토마스의 기개를 엿볼 수 있다.

임금[정조][5]이 물었다.

"나도 천주교 서적들을 읽었다마는, 불교와 비교해 볼 때 그 교는 어떠한 것이냐?"

---

4 다블뤼는 신태보 수기에 수록된 심문 내용 한 대목을 인용하며 그 심문 내용이 최필공 토마스의 것일 거라고 했으나, 정조가 천주교 신자를 직접 대면하여 심문했다는 기록은 아직 보지 못하였다.

5 원본에는 묻는 사람을 '임금'으로, 답하는 사람을 '어느 신자'로만 표기하였다. 신태보가 수기에서 '신자'의 이름을 밝히지 않은 것은 박해 시기라서 신자를 보호하려는 목적이 아니었을까 짐작된다. 다블뤼 주장대로 그 '신자'가 최필공이라면 임금은 정조여야 할 것이다. 다블뤼의 주장을 그대로 반영하여 원본의 '임금'을 '정조'로, '어느 신자'를 '최필공 토마스'로 번역하였다.

신자[최필공 토마스]가 대답했다.

"천주교를 불교와 비교해서는 아니 됩니다. 오늘날 하늘과 땅과 사람이 존재하는 건 오로지 천주의 은혜로 말미암으며 그 존속 또한 만물의 주인이시요 주재자이시며 지고지대하신 천주의 강생구속의 은혜에 달려 있습니다. 어찌 천주교를 도무지 근본도 원리도 없는 전혀 다른 교리와 비교할 수 있겠나이까. 천주교야말로 참된 도道이며, 참 교리이옵니다."

정조가 물었다.

"너희가 만유의 지고지대한 스승이라 칭하는 그 이가 어떻게 이 세상에 왔으며, 이 세상에서 태어났다는 것이냐. 뿐만 아니라 악인들 손에서 수치스러운 죽임을 당하여 세상을 구원했다니 그건 또 어찌 된 이야기인가? 그것은 참으로 믿기 어려운 말이다."

최필공 토마스가 대답했다.

"옛 성왕 성탕成湯은 7년 가뭄으로 인하여 온 백성이 죽게 된 것을 보고 무감히 있지 않았지요. 손톱을 깎고 삭발을 하고 짚으로 몸을 가리고는 자기 몸을 희생 제물로 봉헌하였고, 상림桑林에 나가 울며 죄를 뉘우치고는 기우문祈雨文을 지어 제사를 올렸답니다.

왕이 신명께 고하는 글을 큰 소리로 읽었는데, 송독이 채 끝나기도 전에 비가 내리기 시작하더니 이천 리가 더 되는 땅을 넉넉히 적셔 주었다지요.

그날 이후 온 백성이 그를 성왕이라 칭송했답니다. (이것은 중국 역사에 나오는 이야기이다.)[6] 하물며 이럴진대 구속救贖의 은혜는 얼마나 더 크오리까? 옛날이나 지금이나 또 앞으로 이 세상에 있었고 있고 있게 될 온 백성과 만물에는 구속의 은혜가 배어 있고 또 오로지 그 은혜로 존속할 뿐이옵니다.

이러하온대 이것을 믿기 힘들다고 하시는 전하의 말씀을 오히려 제가 납득할 수 없나이다."

---

6 달레는 다블뤼의 메모에 대해서 "아마 시경에 나오는 成湯 황제의 이야기인 것 같다."며, 구체적인 정보를 찾아 각주로 달아 놓았고 출처는 '뒤알드 Duhalde, t.3, p.15'임을 밝혔다. Ch.Dallet, *Histoire de l'Église de Corée*, Tome 1, p.108; 『한국천주교회사』 상, 427쪽.

정조가 물었다.

"불도佛道 또한 가볍게 다루어야 하는 것이 아니다.[7] 지고지대한 부처佛는 그 이름만으로도 비할 데 없거늘, 네 어찌 그를 경시하고 가볍게 보는 게냐?"

최필공 토마스가 대답했다.

"그 이름이 아니었던들 그가 무엇으로 자기의 권위를 지킬 수 있었겠습니까? 그래서 그가 그 이름을 훔친 게 아닙니까?

사실 석가여래는 사람이며, 정반왕淨飯王과 마야 부인 사이에서 태어난 아들입니다. 그러한 그가 오른손으로는 하늘을 가리키고 왼손으로는 땅을 가리키며 "하늘에서나 땅에서나 오로지 나 홀로 위대하다."고 말하였습니다. 그것은 교만과 허세의 극치요 가소롭기 짝이 없는 말이 아닙니까?

그가 어떤 성덕을 갖추었다고 그를 경시하고 가볍게 대해

---

[7] 원본에는 이어서 다블뤼가 붙인 괄호 문장이 나온다. 그 문장을 번역하면 다음과 같다. "佛 foe은 모든 것을 알고 깨달아 비길 데 없음을 뜻한다. 이 이름은 오로지 그 종파의 창설자인 석가여래에게만 부여되는데, 아마도 이 이름을 그가 직접 지어내고 자기에게 붙인 것 같다."

서는 안 된다는 것인지요?"

정조가 말했다.
"진리는 누가 옹호하지 않아도 제 스스로 주장하는 법이고 매사는 종국에 참된 방향으로 기울기 마련이니, 서로 두고 볼 일이다."

4. 주문모 신부의 유물과 어느 동정부부 일화 (f.130)[8]

> 주문모 신부의 의복들과 갓, 그리고 그가 소지했던 상본 두 장을 신자들이 중시하며 오랫동안 고이 간직해 왔다. 신[태보] 베드로는 그의 수기에서 그 물건들이 여러 차례 신묘한 방법으로 화재를 면했다고 기록했다. 그러나 오늘날 그 물건들이 어디에 있는지는 알 수 없다.
>
> 여기서 일화 하나를 더 인용하려 한다. 그리 중요한 사건은 아니나 교화의 목적 차원에서 소개하려 한다. 이 일화는 1839년 순교자들 중 두 명의 수기[9]에 수록된 것이다.

---

8 한국 교회사에서 동정부부로는 이순이 루갈다와 유중철 요한 부부, 조숙 베드로와 권천례 데레사 부부가 널리 알려져 있다. 그런데 신태보 수기에서는 주문모 신부가 사목하던 시기에 또 다른 동정부부가 있었다는 것을 소개하고 있다.

9 '두 명의 수기'는 신태보의 수기와 이태권의 수기를 가리키는 것일 것이다. 신태보와 이태권(다블뤼의 『비망기』에서는 '이성화'로 나온다.)은 함께 전주옥에 갇혀 10년 이상의 수감생활을 하다 1839년에 참수형을 받아 순교하였다. 또 다블뤼는 비망기에서 신태보의 수기를 언급, 인용할 때 종종 이태권의 수기도 이어서 언급한다.

한 청년이 있었다. 그의 아버지는 1801년 이전에 순교하였다. 그 아버지가 순교하기 전, 그러니까 그 청년의 부모가 입교하고 얼마 지나지 않아서 청년을 결혼시켰다. 혼례를 치른 날 그는 배우자에게 이렇게 말하였다.

"나는 동정생활을 소원하였소. 그래서 나는 이 소원을 이루고 싶은 마음이 간절하오만, 이 일에 대해서 그대는 어찌 생각하시오."

그러자 새 신부新婦는 그의 제안을 반기며 그렇게 하자고 하였다. 그리하여 두 사람은 오누이처럼 살기로 서로 맹세하였고 그대로 실행하였다.

신랑을 곁으로 불러 그[주문모 신부]의 복사로 삼았다. 하루는, 그때가 1801년 박해가 일어나기 전인데, 그가 신부에게 와서 자기가 꿈을 꿨는데 그 생각 때문에 마음이 편치 않다며 꿈 이야기를 하였다.

"꿈에 피바다가 보이고, 작고 허름한 배 한 척 위에 수많은 사람이 타고 그 바다를 건너가려고 애를 쓰고 있었습니다. 그런데 갑자기 폭풍이 일어나 많은 사람이 파도에 휩쓸려 죽어 가고 있을 때 흰옷을 입은 어느 귀부인이 내게 와서 나를 그 죽을 위험에서 구해 주시는 것 같았습니다. 그래서 나는 파도에 휩쓸려 가지 않았지요."

이렇게 꿈 이야기를 끝내고는 그 꿈이 무엇을 의미하는 것이냐고 물었다. 주[문모] 신부가 대답하였다.

"머지않아 이 나라에서 큰 박해가 일어나겠으나 그 박해로 이 나라에서 천주교가 쓰러지지는 않을 것이다. 지극히 거룩하신 동정 성모께서 붙들어 주셔서 교회가 완전히 무너지지는 않을 것이다. 휘몰아치는 대박해의 바람 속에서도 자네는 살아남을 것이니, 어떤 경우이건 조심하여 박해를 피하도록 하여라."

신부의 꿈 해몽은 조목조목 사건에 들어맞았다. 느닷없이 박해가 터졌을 때 그 복사는 신부에게서 들은 권고에 따라 박해를 피할 준비를 해서 시골로 피신했는데, 압제자들의 사나운 위세가 그곳에는 미치지 않았다. 그는 사오 년이 지난 뒤에 평온하게 죽음을 맞았다.

5. 순교자와 기적 (ff. 205-207)

신자공동체는 흩어졌고 슬픔에 빠졌다. 많은 신자 가구가 신앙생활을 포기하였다. 그들이 믿었고 사랑했던 신앙을 유지하려면 목숨을 걸어야 했기 때문이다. 반면에 어떤 이들은 여전히 교회의 계명을 지키고자 하는 열망에서 지도자도 천주교 서적도 없이 아주 가끔 가다 극비밀리에 계명을 실천하였다. 상황이 이렇다 보니 일정 기간 사이에 이 나라 안에서 참되게 신앙생활을 하는 신자 수는 소수로 감소되었다.

신[태보] 베드로는 그의 수기에서 기록하기를, 그 소수의 신자들은 머지않아 다시 목자를 만나리라는 희망으로 서로 위로하고 격려하였으며, 박해 중에 일어난 기적들을 목격한 체험에서 힘을 받았고 또한 조선에 신부들이 다시 들어올 거라고 예측했던 주[문모] 신부의 예언[10]도 든든한 힘이 되어

---

10 '교우들이 전하는 말에 의하면 그[주문모 신부]는 거의 죽음이 임박했을 무렵에, 30년 뒤 조선에 신부들이 다시 들어올 것이라고 예언했다고 한다.'; Daveluy, *Notes pour l'histoire des Martyrs de Corée*, p.129.

그들을 지탱해 주었다고 하였다. 그런데 그 기적들이란 어떤 것이었나? 구교우들은 많은 기적이 일어났었다는 이야기를 들었다고 말하는데, 그들의 주장은 그렇다고 해도 우리가 그 기적과 관련된 정보 수집을 위해 갖은 애를 썼지만 성과를 얻지 못했음을 고백할 수밖에 없다. 그래도 우리가 알아낸 그나마 기적이라고 할 수 있는 작은 사건을, 개인의 약전에 넣을 자리를 찾지 못했기에 여기에 수록하고자 한다.

이승화[11]는 그의 수기에서 이렇게 적었다.

주[문모] 신부가 순교할 당시 일어난 뚜렷한 기적들에 대해 어른 아이 할 것 없이 모르는 사람이 아무도 없다. 오늘날까지도 외교인들이 천주교에 대해서는 나쁘게 말하고 있을지언정 자기들끼리 그 기적들에 대해 말할 때는 '정말이지 불가사의한 일'이라고 하고는 곧 입을 다물고 자리를 뜬다.

---

11 다블뤼 주교는 『조선 주요 순교자 약전』에서 'Ni Sieng hoa'로 표기하였다. 이승화 혹은 이성화는 조선관변기록에 나오는 이태권과 동일인물로 추정하고 있다.

그 기적들이라는 현상이 주[문모] 신부 약전에서 이미 언급했던 그것과는 또 다른 기적을 뜻하는 것일까? 그는 수기에서 이렇게 덧붙인다.

조선에서는 순교자들과 동정녀들에게서 많은 기적들이 일어났다. 나는 그 일들을 모두 수기에 담아 전할 수 없다. 또한 고관들이든 평민들이든 간에 천주교를 박해하는 자들 위로 후려치는 엄벌이 떨어진 기적도 있었는데 내가 그 모든 일들을 전할 수 없다.

신[태보] 베드로 역시 [기적에 대해] 이렇게 적어 놓았다.

사람들은 많은 순교자들의 유해 곁에서 일어난 무수한 기적들에 대해서 이야기한다. 나는 여러 사람들의 입을 통해서 그 소식을 들었을 뿐이다. 그러나 그러한 기적이 일어날 수 있다는 가능성을 어찌 우리가 납득하지 못하리오?

신[태보] 베드로는 이렇게 말한다.

홍주 고을에서 교우 다섯 명이 참수되던 날, 닭이 울 무렵 관아의 형리들이 잠에서 깨어나면서 하늘에 흰 무지개 같은 것이 사형장 쪽에 떠 있는 것을 보았다. 그 무지개 모양의 대로大路 위로 말 두 필이 앞뒤에서 이끄는 쌍마교 다섯 대가 달려오는 것을 똑똑히 보고는 깜짝 놀란 형리들이 더 가까이 가서 보려 하니 그 모습이 시야에서 사라졌다. 형리들의 목격담이 새어 나가면서 몇 사람이 잇따라 입교하였다.

> 신태보는 계속해서 이렇게 적었다.

청주 고을 읍에서 2리 정도 떨어진 곳에 무겁동Mou kep tong 이라는 장소가 있는데, (그곳은 평소 사형이 집행되던 형장이다.) 그곳에서도 교우들이 처형되었다.

그 일이 있고 나서 나흘 뒤 나는 어떤 곳을 가느라 길을 나섰는데 하룻밤을 묵어야 할 사정이 생겨 무겁동에서 3리 떨어진 곳에 있는 어느 주막으로 들어갔다. 그날은 읍에 장이 서는 날이었다. 내가 담배에 불을 붙이고 있는데, 장에서 돌아오는 길인지 남자 두서 명이 주막으로 들어오더니 이런 말을 하였다.

"참으로 희한한 일일세. 해 떨어지고 나서 무겁동을 지나가는데 도무지 어디서 나오는 불빛인지는 알 수가 없는데 사방이 환하게 빛이 나니 말이야."

주막집 주인이,

"읍내 불빛이 아니겠소?"

하고 묻자 그 사내들이 이렇게 대꾸하였다.

"읍내 불빛이 어떻게 그렇게 멀리까지 비추겠소? 게다가 길이 숲으로 가려져 있는데."

그러자 주막집 주인이 말하였다.

"일전에 그 장소에서 몇 사람이 처형된 이후로 밤에 그리로 지나온 많은 사람들이 댁들과 비슷한 이야기를 하니, 거참 별일이구려."

나 또한 그들이 겪은 놀라운 일을 목격하였다.

6. 1804년–사촌 이여진을 위한 구명활동 (ff. 212-213)

1804년 조동섬 유스티노의 친척인 조주기가 이천 고을 단내에서 체포되어 양근의 관아로 끌려갔다. 그가 고문에 못 이겨 마음이 나약해져서 이여진 요한을 발고하는 바람에 이여진 역시 체포되었다. 신태보 베드로는 그 소식을 듣자마자 그 역시 고발당할 위험에 처해 있으면서도 자기가 가지고 있던 말을 팔아서 서울로 올라가 부지런히 조치를 취하고 뇌물로 관헌을 매수하여 급기야 이[여진] 요한의 석방을 얻어내고야 말았다.

천주께서 이 일을 허락하신 것은 분명 머지않은 날에 신자공동체를 위해 중요한 봉사를 하도록 그를 남겨 둔 것이리라.[12] 그리하여 이[여진] 요한은 감옥에서 풀려 나왔는데, 그전에 그는 조숙의[조주기]를 용서해 주고 또 그로 하여금 어쩌면 배교까지 이르렀을 그의 잘못을 통렬히 뉘우칠 마음

---

12 석방된 이여진은 1811년과 1813년 두 차례에 걸쳐 성직자 파견을 요청하는 편지를 갖고 북경을 왕래하게 되는데, 다블뤼는 이것을 말한 것 같다.

을 발하도록 해 주었다. 하여튼 숙의는 회개하였고 풀려 나오지 못했다. 전승에 의하면 그가 형장으로 끌려나갈 때 이[여진] 요한이 그의 앞에 나타나 그를 부르면서 눈짓으로 하늘을 가리켰고, 이에 숙의는 이해했다는 표시로 응답했다고 한다. 그는 양근에서 참수되었다. 그러니 비록 구체적인 정보가 미흡하여 자신 있게 말할 수는 없지만, 그가 훌륭한 신자로 죽었으리라 믿을 필요가 충분히 있다.

7. 박해 시대의 신자공동체 생활상 (ff. 214-217)
강원도 산골에서 일군 신자공동체

그 무렵 특히 산속으로 이주하는 움직임이 더욱 크게 일어나기 시작한 것 같다. 박해 이전에도 산촌으로 이주하는 신자들이 있었지만, 박해 이후 훨씬 더 많아져서 조선의 오지라고 할 수 있는 곳들은 신자들로 가득 찼다. 제 고향 제 친척들을 떠나 맹수들이나 서식하고 있는 곳으로 살러 가자니 얼마나 많은 고통과 희생을 감당해야 했겠는가. 그렇게 살아가야 했던 신자들 중 어느 한 사람에게서라도 그때의 처지를 낱낱이 들을 수 있다면 우리는 아주 기꺼운 마음으로 그의 이야기에 귀를 기울일 것이다. 그래서 이미 앞에서 언급한 바 있는 신[태보] 베드로가 자신의 이야기를 적은 대목을 여기에 옮겨 싣고자 한다. 그의 수기를 읽노라면 수많은 교우들이 겪었던 시련이 눈에 선하게 그려질 것이다. 그는 이렇게 말한다.

박해는 어지간히 가라앉기는 하였으나 우리에게는 우리 둘[13]뿐이었고 기도서도 다 잃어버렸다. 무슨 방법으로 신앙생활을 할 수 있겠는가? 그러던 중 나는 우연히 순교자 여럿이 나온 어느 가문의 유족들이 용인 고을에 산다는 소식을 들었다. 나는 그 집을 찾기 위해 갖은 노력을 다한 끝에 마침내 그 집을 알아내게 되었다. 그곳을 찾아가 보니 어른이라고는 부녀자들만 있었고, 남자라고는 아직 앳된 티를 벗지 않은 젊은이 몇 명이 있었다. 통틀어 세 가구였으며 전부 서로 친척지간이었다. 그들은 의지할 데도 없고 생활 방편도 없이 살아가고 있었다. 무엇보다 내가 천주교에 대해 말이라도 꺼낼라치면 그들은 숨도 제대로 쉬지 못했다. 그들은 기도서 몇 권과 복음서 해설서를 가지고 있었지만 그것을 모두 깊숙이 감추어 놓았다. 내가 그 책들을 보자고 청하니까 손을 내저으며 내 말을 막았다. 그러니 더 이상 어찌해 볼 도리가 없었다. 한편 여인네들은 내가 와 있다는 소식을 듣고는 몹시 기뻐하며 나와 이야기를 나누고 싶어 했다. 남녀가 유별한지라 우리는

---

13 신태보 자신과 이여진을 말하는 것으로 여겨진다.

예법상 서로 대면하지 않은 채 이야기를 나누었다.

> 이러한 경우 이 나라 관례상 때론 상면하지 않은 채 서로 이야기를 나누는 것은 허용된다. 마치 봉쇄수녀원에서 하는 것과 거의 흡사하게 나란히 붙어 있는 방 사이에 발이나 천을 내리고 그것을 사이에 두고 각방에 따로 자리하여 이야기를 주고받는 것이다.

나는 여인들에게 그간 일어난 일들에 관해 간략히 이야기했고, 앞으로는 우리가 천주님을 섬길 수도 없고 우리의 영혼을 구원할 수도 없는 피차 같은 처지에 놓여 있다는 것도 말했다. 동병상련의 아픔을 절절히 느낀 그 여인들은 나를 만난 것을 한층 더 반겼다. 어떤 여인들은 눈물까지 쏟으면서 서로 의지하기 위해서라도 연락하고 지냈으면 좋겠다고 하였다. 나는 거기서 40리 떨어진 곳에 머물렀는데 그날 이후로 내가 가거나 그쪽에서 오거나 하는 식으로 여드레에서 열흘 간격으로 왕래하니 우리는 가까운 친척 못지않게 아주 친밀한 사이가 되었다. 우리는 다시 기도서를 읽기 시작하였고 주일과

첨례를 지켰다. 그들은 [주문모] 신부에게서 성사를 받은 사람들이라 내가 그들에게서 신부에 관한 상세한 이야기와 신부가 권고했던 내용들을 들을 때면 마치 내가 신부를 직접 뵈옵는 양 내 마음은 기쁨과 행복으로 넘쳤다. 나는 마치 보물이라도 찾아낸 듯싶었다. 나는 천사와 같은 그 교우들을 모두 아꼈다. 그런데 나나 그 교우들이나 외교인들 속에서 거주하고 있었기에 사방에서 외교인들의 눈이 언제라도 우리를 주시할 수 있어서 나는 그 눈길을 피하기 위해 밤을 타서 40리 길을 걸어야 했다. 그렇게 했어도 날이 지날수록 이웃 외교인들이 내 이름이며 내가 사는 곳을 묻기도 하여 나의 신상에 관한 일이 알려지게 되었다.

이 모든 것이 꺼림칙하였다. 그리하여 우리는 다 같이 어딘가 외딴곳으로 이사 가서 작은 촌락을 이루며 살기로 작정하였다. 내가 책임져야 할 식구라고는 아들 하나와 딸 하나뿐이지만 우리 다섯 가구를 다 합치면 40명이나 되었다. 그런데 저마다 가진 재산이라고는 빚뿐이었고 집들을 전부 팔아 봐야 빚을 갚고 나면 이사하느라 움직이는 데 들어갈 여비도 채 나오지 않게 생겼다. 왜 그런고 하니 내가 생각하고 있었던 장소는 인적이 드문 강원도의 깊은 산골이었기 때문이다.

어찌 되었든 간에 일의 성사 여부는 두고 볼 일이고 일단 이사는 하기로 하였다. 두 집은 그야말로 집안에 세간이라고는 아무것도 없고 아침에 저녁 끼니를 걱정해야 하는 형편이었다. 나머지 세 집이 집과 세간을 팔아 거기서 간신히 100냥을 건졌지만 그 돈을 가지고 상당한 빚을 갚아야 했다. 떠날 날짜를 정해야 했는데, 어서 이 지옥에서 벗어나 낙원을 찾아가겠다는 오로지 그 생각만 하고 다섯 집이 저마다 먼저 떠나겠다고 말다툼하며 실랑이를 벌이고 서로 삐치는 지경에까지 이르렀다. 아이고 맙소사, 그들을 설득하느라 얼마나 애를 먹었는지! 나는 아들과 딸을 조카에게 맡기고 한 집은 출발을 얼마 뒤로 늦추도록 하였다. 그러나 어린애들은 말할 것도 없고 다섯 명의 여성은 절대로 지체시킬 수가 없었는데, 어떤 이는 나이가 많은 사정으로 또 어떤 이는 먼 길을 걸어 다녀 버릇하지 않아서 그 여인네들은 걸어서 갈 수가 없었다. 그래서 나는 간신히 말 두 필을 사고 여비를 통틀어 말 한 필을 더 사고 났더니 남은 돈이 한 푼도 없었다. 하는 수 없이 마을의 부자 친구 둘을 찾아가 사정 얘기를 했더니 기꺼이 가마 다섯 채를 불러 주고 말 두 필을 빌려 주었다. 이렇게 해서 모든 채비를 갖추고 우리는 길을 나섰다.

말들은 쓸 만했고 시종들도 제 맡은 일을 썩 잘해 냈는데도 첫날은 아주 힘들었다. 우리의 행색이 남들 보기에 몹시 수상쩍었다. 이건 양반 행차도 아니고 그렇다고 동네 어느 상갓집 장례 행렬도 아니었다. 무엇보다 말치레랍시고 해 놓은 꼴이 우스꽝스럽기 짝이 없었다. 둘째 날부터는 당장 방법을 바꿔야 했다. 가마 다섯 채는 거기다 내버려두고 여인네들은 장옷마냥 치마를 머리에 뒤집어쓴 채 말을 타고 가야 했다. 이렇게 하고 나니 우리의 모습은 마치 한 무리의 촌사람들이 줄지어 가는 것 같았고 어찌 보면 깊은 산골에 사는 사람들의 무리처럼 보이기까지 하였다. 그런데도 행인들과 주막집 주인들은 우리를 서울 사람들로 생각하였다. 아주 음흉한 자들은 다 알고 있다는 듯이 빈정대며 '저것 좀 보게, 천주학쟁이 집안이군.' 하면서 웃기까지 하였다. 그렇게 우리의 행보가 남들 눈에 띄었고 어디를 가나 우리의 행색이 구경거리가 되는 바람에 우리가 꾸민 일이 드러나게 되었다.

그럭저럭 여드레를 걸어서 우리는 마침내 소원하던 목적지에 도착하였다. 그러나 막상 도착하고 보니 앞날이 막막하였다. 집이 있나, 아는 사람이 하나가 있나! 그래도 어찌어찌하여 집 한 채를 빌렸고, 모두 함께 한 집에서 기거하였다. 말 다섯 필이 거추장스러워져 당장 내 말을 팔아서 끼니거리를 마련하였고 겨우 다리나 뻗을 수 있는 조그마한 오두막집 한 채도 샀다. 빌린 말 두 필을 돌려보내야 했으나 여비가 없어 한 달을 잡아 두고 있을 수밖에 없었는데 그 말들을 먹이는 데 거의 말 한 필 값이 들었다. 결국 말을 돌려보낼 수 있게 되었고 돌아오는 길에 남아 있던 가족을 데리고 왔다.

부지불식간에 농사철이 지나고 겨울로 접어드니 눈이 쌓이고 다니던 길들이 막혔다. 인근에 아는 사람 하나 없었고 설령 있다 해도 이웃과 왕래하는 것조차 불가능한 상태라 40명이 넘는 우리는 꼼짝없이 굶어 죽게 될 형편이었다.

강원도에는 눈이 무서우리만치 많이 내린다. 길만 끊기는 게 아니라 같은 마을 안에서도 주민들이 서로 왕래할 수 없는 경우가 종종 생긴다. 그래서 비축해 둔 식량이 없는 사람들은 굶어 죽기도 하고 단단히 대비를 해 놓지 않은 가옥들은 눈 속에 파묻히기도 한다. 짐승을 사냥하기도 한다.

우리에게 남아 있던 말 한 마리는 제 여물통을 쏟아 대더니 끝내는 엄청나게 큰 그 나무통을 전부 먹어 치웠다. 아이들은 끊임없이 먹을 것을 달라며 울어 대고 어른들조차도 불안해하고 초조해하였다. 살 가망은 도무지 보이지 않고 어디를 보나 우리는 죽을 판국이라 그들은 자기네를 이 끔찍한 처지로 몰고 간 원인이 천주교 때문이라고 투덜대며 이러한 불행을 자초한 자기들의 신세를 한탄하였다. 그 병을 고치고 그 불안을 진정시키는 데 딱 맞는 유일한 약은 식량이었다. 그것 말고는 모든 게 소용이 없었는데, 어디서 식량을 구한단 말인가? 어찌 되었든 어떻게 살아남았는지도 모르는 채 겨울이 지나고 봄이 오니 바깥으로 돌아다니고 산을 넘을 수 있게 되었다.

우리가 있는 데서 70리가량 떨어진 곳에 최 진사라는 부자가 살고 있다는 소문을 듣고 그를 찾아가 이틀을 묵으며 우리 식구가 처해 있는 끔찍이도 가난한 형편을 낱낱이 고하니 그가 벼 열 섬을 얻도록 주선해 주었다. 나는 운반비를 안 들이려고 벼를 꿔 준 마을 사람들에게 찧어 달라고 부탁하였더니 흔쾌히 그렇게 해 주었다. 그렇게 받은 쌀에서 일부는 팔고 나머지는 이삼 일에 걸쳐 나르게 하였다. 그 쌀은 모두 정해진 기간에 조합[계]에 갚아야 하는 것이었다. 일을 이렇게 마무리 짓고 나는 다시 우리 식솔들을 애써 다독였더니 그제야 비로소 내 말을 들었다. 우리들 사이에 다시 기쁨이 살아났고 참으로 서로를 아끼는 듯하였다.

> 참으로 시련이 아닐 수 없다. 신유년 이전부터 이것은 고행의 도구이기도 했다.

여기저기서 꾸어 쓴 돈이 100냥이 훌쩍 넘었다. 이렇게 가다가는 빚이 얼마까지 불어날지 모를 일이었다. 그러나 내가 조심해서 아껴야 한다고 말하면 모두들 얼굴빛이 어두워지고 침통해하였다. 그저 되는 대로 살아야 했다.

8. 신태보가 한때 배교의 뜻을 표한 적이 있다는 소문에 대한 다블뤼 주교의 변론 (f. 279)

메모[14]: 한 점 사실도 소홀히 하지 않기 위해서 여기서 고백하건대, 이 4명의 증거자[정태봉 바오로, 이일언 욥, 김대권 베드로, 이태권 베드로]와 뒤이어 인용할 수기의 저자인 신[태보] 베드로마저 어렴풋이 배교 혹은 그에 가까운 말을 몇 마디 하여 비난을 받았다는 소문이 있었다. 그러나 그 당시 눈으로 직접 보았던 증인 여러 명이 이 소문을 반박하고 있으며, 우리가 보기에도 소문의 근거가 매우 희박하다. 설령 그 소문을 수용한다 하더라도 그 일은 그들이 재판을 받던 초기에 일어났을 거라는 점에 대해서는 모두가 시인하고 있다. 그러나 그들은 세 번씩이나 결안에 서명하면서 죽기를 각오하는 결연한 태도를 보였고, 그들의 모든 행실은 지극

---

14 다블뤼 주교는 내포의 증거자 4명과 신태보의 수기를 소개하기에 앞서 이 '메모'를 붙여 놓았다. 다블뤼 주교가 '메모'라고 적고 거기에 덧붙인 내용은 그가 순교자에 관한 자료를 입수하는 과정에서 중간에 삽입한 것 같다.

히 천주교를 영광스럽게 하였으므로 혹여 그들이 초기에 약간 나약한 마음을 품었다 치더라도 그들은 신앙의 참 증거자로 평가되어야만 한다. 거기에 한 가지 사실을 덧붙인다면, 그들이 여러 해 옥고를 치르던 중 배교를 하면 목숨을 보전케 해 주겠다는 제안을 또다시 받지만 그들은 여전히 그 제안을 거부했다는 점이다. 따라서 그들에 대한 일말의 의혹을 내세울 것이 없다. 그러므로 이 역사를 전개하는 과정에서 일부이며, 또 그 시기도 분명하지 않은 의혹을 샀던 그 나약함에 관해서는 기재하지 않는다.

9. 정해년(丁亥年, 1827)에 경상도 상주 잣골에서 붙잡혀 일곱 차례 형문을 받다 (ff. 289-304)

한편 [1827년] 음력 4월 중순경에 여러 신자의 이름이 새로 고발되는 일이 벌어졌다. 고발된 여러 명의 신자들은 다른 여러 도道에 흩어져 있었다. 그 당시 경상도에 살고 있던 신태보 베드로와 서울에 살던 이종회[이경언] 바오로를 우선 언급하면서 그들의 이야기를 전개하고자 한다. 국법에 따르면 형사재판소에서는 본관의 승인 없이는 아무도 체포할 수 없으며 본관에게 영장을 청해야 한다. 그러나 피고인이 하층민이고 재판관의 직접적인 권한이 끼치는 범주 안에 있을 때는 종종 이러한 절차를 면하기도 한다. 피고인이 타고을 출신일 경우가 간혹 생기는데 그럴 때는 피고인이 사는 고을을 관할하는 감사의 허가를 받아야 한다. 아무튼 피고인이 사는 본관을 결코 거치지 않을 수 없는 것이다.

앞에서 언급했듯이 신자들의 이름이 발설되자 포졸들이 경상도와 서울로 파견되었고, 곧이어 보게 될 두 신자도 체포되었다.

이 기록에서 이미 여러 차례 전력이 소개된 신태보 베드로는,

전하는 말에 의하면 신[태보] 베드로가 아직 예비자로 교리 공부를 하고 있을 무렵에 마귀가 여럿 나타나 그를 괴롭혔는데, 심지어 그가 다른 이들과 함께 천주교에 대해 공부하고 있는 방에서 그를 끌어내기까지 했었던 모양이다. 마귀들은 그가 신자가 되는 것을 기를 쓰고 방해하였다. 그러나 베드로는 마귀들에게 맞서 대들며 이 세상에서 그 무엇도 자기가 천주교를 신봉하는 것을 막지 못할 거라고 선언하였다. 이에 분노한 마귀는 베드로를 들어 다시 그가 있던 자리에다 힘껏 내동댕이 치는 바람에 그는 평생 그때의 충격으로 통증에 시달렸다고 한다.

북경 왕복 경비를 대기 위해 모금하느라 많은 고생을 하였고 그가 체포될 무렵엔 더 이상 북경 일에 관여하지 않을 때였다.[15] 그러나 그의 이름은 신자공동체 내에 널리 알려져 있었고 그가 필사한 수많은 교회 서적들 때문에 그는 박해 시기에 그 누구보다도 훨씬 위태로운 상황에 놓이게 되었다. 그는 여기저기 여러 곳으로 거처를 옮기다 결국 경상도 상주 고을에 있는 잣골에 와서 자리를 잡고 외지의 교우들과는 별로 접촉하지 않으며 살고 있었다. 그러나 1827년에 일어난 박해가 확산되고 있다는 소식을 접하고는 자기의 이름이 곧 발설되리라는 것을 깨닫고 자신과 가족이 피신할 준비를 하였다.

음력 4월 22일, 모든 채비를 마치고 말에 편자까지 박고 날이 새기 전에 떠나기로 되어 있던 참인데, 바로 그날 이른 새벽에 닭이 울 때 전주 포졸들이 마을에 들이닥쳐 신[태보]

---

15 신태보는 신부 영입을 위해 친척 이여진이 북경을 왕래하도록 여비를 마련하는 데 노력을 다하였다. 이여진이 1811년과 1813년에 성직자 파견을 요청하는 편지를 가지고 북경을 왕래했으나 일이 성사되지 않자, 이여진이나 신태보는 개인적인 신앙생활에 전념하는 데 그칠 수밖에 없었다.

베드로의 집을 에워싸고는 그를 체포하러 왔노라고 소리쳤다. 신[태보] 베드로는 체포영장이 자기 고을이 아닌 전주 감영에서 발행한 것임을 보고는 포졸들을 따라 나서기를 거부하였다. 그래서 그는 포졸들과 함께 본관 앞으로 갈 수밖에 없었고, 본관은 고발장을 들여다보고는 그를 포졸들에게 다시 넘겼다. 그리하여 포졸들은 본관의 아전들과 함께 [신태보] 베드로의 집으로 돌아가야 했다.

길에서 포졸들은 다른 마을에 사는 신자를 체포하러 갔던 동료들을 만났다. 그들은 멀리서부터 서로를 알아보자마자 껑충껑충 뛰고 손뼉을 쳐 대더니 서로 만나서 일이 잘 되었다고 칭찬하고 좋아라 하며 술을 거나하게 마시는 꼴이 마귀와 같았다. 그러다 보니 밤이 되어 어느 마을에서 잠을 자야 했다. 그 마을에 들어서자 포졸들은 협박과 완력으로 주민들에게 많은 양의 술을 내오게 했고 닭들을 제멋대로 잡아먹는 등 가난한 주민들의 처지는 생각하지 않고 닥치는 대로 먹어 치웠다.

[신태보] 베드로의 집에 이르자 전주 포졸들이 그의 집을 노략하려 하였으나 본관 포졸들이 그들을 저지하며 홈

쳐 간 물건이 생길 경우를 대비하여 그의 집에 있는 모든 세간을 일일이 적어 놓았다. 그리고 나서 길을 떠나 나흘 만에 전주 땅에 들어섰다. 읍에서 멀지 않은 곳에서 밤을 보낼 채비를 하고 있는데, 신자들 한 무리가 소와 말 위에 실려 포졸들에게 호송되어 왔다. 그들은 형벌에 못 이겨 천주교 서적에 대해 발설한 신자들인데 고문을 받아 걷지 못하므로 이렇게 탈것을 마련하여 호송해서는 그 책들을 압수하러 가는 길이었다. [신태보] 베드로는 그 신자들과 같이 밤을 보내게 되었다.

그 진영 포졸들이 마당에서 술을 마시고 놀음하고 고함을 질러 대고 방탕하게 놀아나고 있는 동안 그는 신자들에게서 일이 되어 가는 사정을 알아보았더니 천주교 서적들이 전부 발각되고 발설되었으며 그 중 대다수가 그의 손으로 필사한 책들이라는 사실이 고스란히 드러났던 것이다. 그러니 이제는 일을 숨길 필요가 없게 되었다. 이튿날 서로 헤어지고 나서 얼마 안 가 읍내에 도착하자 그는 영장 앞으로 끌려갔다. 영장은 먼저 그에게 "너는 양반이냐?"고 물었다. 이제 이어지는 문초 내용은 [신태보] 베드로가 적은 수기의 일부를 그대로 옮겨 놓으니 그의 입으로 직접 들어 보기로 하자.

내가 대답하였다.
"이곳에 오면 양반과 상놈의 차이가 아무짝에도 쓸모가 없습니다."

영장이 물었다.
"네가 삼도三道에 두루 사교邪敎를 퍼뜨리며 백성을 현혹시킨다 하니 그것이 참말이냐?"

내가 대답하였다.
"나는 사교를 따르지 아니하며 다만 천주의 교敎를 신봉할 따름입니다."

영장이 물었다.
"저자가 사교라 말하지 아니하고 천주의 교라고 말하는구나. 그래, 천주의 사교를 따르면서 너는 그것이 엄격하게 금

지되어 있다는 사실을 알고 있으렸다."

내가 대답하였다.
"어찌 그것을 몰랐겠습니까. 사정을 잘 알고서 신봉했습니다."

영장이 말했다.
"그것을 알고도 임금의 명을 어겼으니, 너는 죽어 마땅하지 않겠느냐."

내가 대답하였다.
"내가 죽게 되리라는 것도 알고 있었습니다."

영장이 물었다.
"이제 임금께서 너희를 모두 사형에 처하라 명하셨다. 네 마음을 돌릴 생각은 없는 게냐?"

내가 대답하였다.

"나라가 번영하면 임금을 섬기고, 나라가 역경에 처하면 임금의 뜻을 거스르는 것은 미욱한 신하나 하는 짓입니다. 그와 마찬가지로 만사가 순조로우면 교를 따르다, 어려운 세월을 만나면 그것을 버리는 것이 사교邪敎입니다. 관장 나리께서는 국법에 따라 처리하시오. 나는 내 신념에 따라 처신하겠습니다."

영장이 말했다.
"저자의 언사가 불손하다. 저자가 참으로 도당徒黨의 두목인 게다. 네 진정 법대로 다스려지기를 소원하니 어디 그 맛을 보거라."

이렇게 말하고 나서 영장은 나를 정식으로 형문에 세우라고 명령하였다. 그러자 내 두 팔을 등 뒤로 젖혀 엇갈리게 해서 결박한 다음 팔과 등 사이에다 굵은 몽둥이를 끼워 넣어서 형리 하나가 그것을 다루도록 해 놓았다. 그뿐만 아니라 내 두 다리를 오므려 말총으로 꼰 뻣뻣한 끈으로 두 무릎과 발목 위, 이렇게 두 군데를 묶은 다음 두 정강이 사이로 굵은 몽둥이 두 개를 서로 빗겨 끼워 놓아 한 사람씩 몽둥이 한쪽을 맡아 그 끝에서 힘을 주게 만들어 놓았다. 이렇게 해 놓고 한쪽에서는 등 뒤에 끼운 몽둥이를 팔이 휘도록 앞으로 끌어당기고 다른 쪽에서는 정강이 사이에 교차시켜 끼운 두 몽둥이 끝을 힘껏 내리누르니, 내 몸은 허공에 붕 뜨는 듯하고 가슴은 당장이라도 앞으로 터져 나갈 듯했으며 모든 뼈가 바수어지는 것 같더니 그만 의식을 잃어 영장이 묻는 말에 대답을 할 수 없었다. 그러자 영장은 나를 결박한 줄을 좀 느슨하게 풀어 주라고 명하였다. 조금 지나서 정신이 돌아왔다. 햇빛이 횃불인가 싶어 보였고 내 팔다리가 몸에 붙어 있지 않은 것 같았다. 몸이 온통 얼얼하였는데, 또다시 형리 둘이 몽둥이로 나를 찌르며 대답하라고 재촉하니 나는 간신히 말하기를, 어느 천주교인에게서 교리를 배웠는데 그 사람은 오래 전에 순교했으며, 내게는 제자가 한 명도 없다고 하였다.

영장이 물었다.
"교활하기 짝이 없구나. 그래, 네가 더 고통을 당해 봐야 사실을 고하려느냐?"

내가 대답하였다.

"그것이 사실이면 그렇다고 아뢰고 사실이 아닌 것은 아니라고 아뢸 뿐이오. 이 몸은 이미 반은 죽은 몸이며 여기서 더 했다간 얼마 가지 않아 목숨이 아예 끊어질 지경인데 죽어 가는 순간에 어찌 거짓을 말할 수 있겠습니까?"

영장이 말했다.
"그래가지고 사람이 죽지는 않으니 너는 더 괴로움을 당해 봐야 할 것이다.
여봐라, 계속하여라."

형리들은 내 두 다리를 치켜세우고 막대기 양쪽 끝을 힘껏 내리눌렀다. 내 몸은 더 이상 산 사람의 몸이 아니었다. 입안에 침이 모두 말라서 혀가 늘어져 입 밖으로 나왔고 두 눈이 불거져 나왔으며 온몸은 땀으로 범벅이 되었다. '전부 실토하라!'는 고함소리가 멀리서 쩌렁쩌렁 울려 왔다. 나는 아무 대답도 하지 않고 다만 어서 목숨이 끊어지게 해 달라고 천주께 빌었다. 그때가 음력 4월 마지막 날이었다.

날이 어두워지자 영장은,

"오늘은 날도 저물었고 첫날이니만큼 네게 일면만 보여 주었으나, 내일은 네가 진정 형벌이 어떠한지를 감당해야 할 것이다. 그러니 오늘 밤 잘 생각해 보고 네 목숨을 보전할 길을 찾아라."

하였다. 결박을 풀고 형리 둘이서 다리 사이에 몽둥이를 끼워 나를 둘러메고 밖에다 옮겨 놓더니 저녁밥을 갖다 주었다. 나는 앉아 있을 수도 없고 팔을 쓸 수도 없었다. 게다가 밥 냄새를 맡으니 구역질이 날 지경이라 아무것도 먹지 못하고 있으려니, 포졸이 탁주 한 사발을 내 입에다 대 주기에 그것을 마셨더니 정신이 돌아오는 것 같았다.

밤이 이미 이슥해졌을 때 나를 호송해 온 포졸들의 우두머리가 내게 와서 이렇게 말하였다.

"댁도 딱하구려. 영장은 이여진이 당신 집에 있다고 확신하고 있소. 혹시 그가 지금은 당신 집에 없다 해도 당신이 그의 행방을 알고 있다는 것을 영장은 확신하고 있단 말이오. 내일 이것을 문초할 테고 댁은 혹독한 형벌을 당하게 될 것이오. 내 보기에 솔직하게 실토해서 목숨을 구하는 게 나을 것

같소."

내가 대답하였다.

"나는 그 사람이 누구인지 모르네.[16] 혹시 그 사람을 볼 수 있다면야 내가 아는 사람인지 아닌지는 말해 줄 수 있을지 모르겠네만. 여하튼 그 사람이 내 아버지도 내 형제도 아닌데 무슨 이유로 내가 목숨을 걸고 그 사람을 숨겨 주겠나? 자네는 내 집을 직접 보았으니 사정이 어떠한지 알 수 있잖나. 그 사람이 거기에 숨어 있던가? 설령 내가 그 사람을 숨겨 주었다 쳐도 그 사람이 어디로 도망갔는지 내가 어찌 알 수 있겠나? 내가 보기엔 그 일에 관한 한 의혹을 두느냐 마느냐는 자네 말하기에 달려 있다고 보네."

그가 대답하였다.

"그 李를 여태껏 붙잡지 못했다고 영장과 관속들이 나를 무능하다고 비난하고 있소. 내 더 이상 할 말은 없으나 댁은

---

16 원본에서 신태보는 관장과 '하시게(vouvoyer)' 식의 경어를 사용하나, 포교에게는 '하게(tutoyer)' 어법을 사용하고 있다.

거기에 대해 뭔가를 알고 있는 게 틀림없소. 그 문제는 댁이 알아서 처신하시오. 또 나는 당신 집에서 천주교 서적을 한 권도 압수하지 못했다고 질책받았소이다. 그래서 나는 당신 집을 전부 뒤져 보았지만 아무것도 발견하지 못했노라고 말씀드려 놓았소. 그 점에 대해서도 문초할 게요. 그러니 댁은 책일랑 한 권도 가지고 있지 않다고 딱 잘라 대답하시오."

이렇게 말하고 나서 그는 내 목에 씌운 칼을 들어 올려 매달아 놓아 고통을 덜어 주었고, 옥사쟁이를 불러 내 변기통을 비우라는 당부의 말을 전하면서 그 수고에 대해서는 고려하겠노라는 말까지 덧붙였다. 그리고 나서 내게 술을 권하였다. 그러한 뜻밖의 태도에 나는 위로를 받았고, 그와 같은 동정의 표시에 깊은 감동과 고마움을 느꼈다. 얼마 지나지 않아서 관청 문이 열리고 형졸들이 들어와 나를 그리로 들어다 놓았다.

영장이 큰 소리로 말하였다.
"내가 어제 네게 한 말을 생각하고 솔직히 자백하라."

내가 대답하였다.

"어제는 의식을 잃어서 나리의 명이 무엇이었는지 기억하지 못합니다. 또한 자백하라고 말씀하시니, 자백할 것이 있었다면 어제 했을 것이외다. 무엇하러 오늘까지 기다리겠습니까?"

영장이 말했다.

"이여진은 틀림없이 네 집에 있었으니 너 또한 그자가 꾸민 일을 알고 있었다. 그러니 네가 그것을 실토하지 않고는 못 배길 것이다."

내가 대답하였다.

"나는 그 李가 어떤 인물인지도 모릅니다만 설사 그를 숨겨 주었다 쳐도 이제 와서 그 사람이 어디로 갔는지 내가 어찌 알 수 있겠습니까? 그 일에 대해서는 아무런 말씀도 드릴 수 없습니다. 그 이는 내 아비도 아니요, 내 형제도 아닌데 내가 그 사람을 위해 죽는다는 것이 온당합니까? 나를 죽이시려거든 내 죄를 물어 죽이시오."

영장이 말했다.

"네가 어제 받은 형벌이 가벼웠던 게로구나. 좀 더 독한 맛을 보고 싶은 모양인데, 그래, 당해 보아라."

이 말이 떨어지기 무섭게 그는 형리들에게 "이 죄인은 늙기는 했어도 몸은 아주 단단하니 사정없이 다루어라."고 하며 그들을 독촉하였다.

나는 또 주리형을 호되게 받았다. 결박 끈을 조이기만 하는데도 나는 이미 거의 혼절하고 말았다. 막대기를 하도 세게 내리누르는 바람에 몽둥이 하나가 부러져 나갔다. 나는 그 소리가 내 다리가 부러져 나가는 소리인 줄 알고 오싹하여 보았더니 막대기였다. 뭐라고 하는 말소리는 들려왔으나 나는 대답을 할 수가 없었다. 술을 가져와 내 입술에 갖다 대 주기에 한 모금 마셨으나 술을 넘기지 못하고 토해 냈다. 잠시 멈추고 나서 다시 술을 갖다 대 주니 이번엔 조금씩 목을 축이면서 마셨다.

영장은 감정을 자제하며 말했다.

"남의 일을 위해서 네가 기어코 죽기를 원하니, 네 신조를 알 수가 없구나."

그러고 나서 그는 수행원을 대령케 하여 말을 타고 상관에게 달려갔다. 나는 결박도 풀지 못한 채 음력 5월 뙤약볕 아래 앉아 있어야 했다. 그런데도 더위를 느끼기는커녕 오히려 오한이 났다.

한참이 지나서야 영장이 돌아와서는 화가 난 어조로 사납게 말하였다.

"네가 자백하려 들지 않으니, 네가 죽든지 내가 파직을 당하든지 둘 중 하나다. 그러니 어디 버텨 보아라. 고문을 다시 시작하여라!"

명령이 떨어지자 고문이 다시 시작되었다. 내게 고통은 더하지도 덜하지도 않았다. 형리가 형구를 이것저것 바꿔 가며 고문하였으나 내게는 다 같은 형벌이었다. 저녁이 되자 결박을 풀어 주고 나를 다시 떠메어 있던 자리에 갖다 놓았다. 내가 밥을 먹지 못하고 있으니 술 한 잔을 갖다 주었다. 밤이 그렇게 지나갔다. 또다시 관청의 문들을 여느라 고함치는 소리가 들렸다. (관청에서는 모든 일을 고함을 지르며 했다.) 나는 그 고함소리만 들리면 아주 질색했는데, 무엇을 외치는 소리는 매번 죄수를 불러내는 고함으로 들렸기 때문이다. 아닌 게 아니라 형리들이 늦을세라 와서 나를 호출하였다. 그들은 욕설을 내뱉으며 조심이고 뭐고 없이 아무렇게나 나를 막대기 위에 태워 영장 앞에 데려다 놓았다.

영장이 말하였다.
"봐라, 여기 쌓아 놓은 책들이 전부 네가 필사한 것들이다. 너는 삼도三道의 두목으로 통하면서 남들에게 천주교 책들을 많이 베껴 써 주었다. 너는 필시 그 책들의 사본 한 권씩은 가지고 있을 터이니 전부 솔직히 실토할 것이며, 고문받다 죽겠다고 고집부리지 마라."

나는 말할 힘도 없었다. 이런 나를 보고 내게 뭘 좀 먹여 주기에 나는 간신히 몇 마디로 대답하였다. 영장이 내게 문초한 것은 모두 우리가 일전에 길에서 마주쳤던 교우들이 이러저러한 책들이 모두 발설되었다고 내게 일러 준 내용에 근거를 두고 있었기에, 나는 천주교인들에게 책 몇 권을 필사해 준 적이 있었던 것은 사실이나, 이제는 우리 집에 그 책이 없고 우리 집을 수색한 포졸들도 그것을 확인했노라고 말하였다. 그리고 내가 그 책들을 베낀 것은 그 천주교인들 집에서 그들이 가지고 있던 낡은 책 몇 권을 보고 필사해 준 것이라고 덧붙여 말하였다.

그러자 영장은,

"네가 진정 사실을 불지 않는구나. 우리가 끝장을 보고야 말리라."

고 하였다. 그리고 나서 이번에는 별다른 고문을 가하지 않고 나를 다시 데려가게 하였다.

그날 밤 나는 관속들이 있는 방으로 들려 갔는데, 거기에는 관속 여러 명이 모여 있었다.

그들이 나에게 이런 말들을 하였다.

"댁은 양반이라면서 관장 앞에서 솔직하게 아뢰지 않는 구려. 대두목 이여진이 잡히지 않았으니, 이 사건은 끝이 나질 않을 거요."

이렇게 말하는 것으로 미루어 보건대 이여진이라는 이름만 발설된 것이 아니라, 그가 북경을 왕래했다는 것도 드러난 모양이다.

"그 사람이 당신네 마을에 있었다는 것은 분명하니, 그자가 마을을 빠져나갔다면 댁이 그자를 빼돌린 것이오. 헌데 당신이 그자를 모른다 하고 또 천주교 서적들에 대해서도 속이니, 그건 혹형을 자초하는 일인데 그것을 어찌 감당하려 하오? 내일 또 문초가 잡혀 있으니 여기서 모든 걸 자백하시오. 그러면 우리가 관장께 고하리다."

나는 이렇게 대답하였다.

"목숨을 아끼고 죽음을 두려워하는 마음은 누구나 다 갖는 마음이지요. 또, 누구라고 고통을 자초하겠소? 그런데 당신네들은 일의 자초지종은 알려 하지도 않고 그저 형벌로만 다스리니 그것이 온당한 일이오?"

그러자 그들이 이렇게 대꾸하였다.

"왜 우리의 말을 곡해하시오? 우리는 당신에게 형벌을 면하게 해 주려고 할 뿐이오. 그저 그 李가가 있는 곳만 말하시오. 그러면 다른 일에 대해서는 더 이상 문초하지 않을 겁니다. 그건 우리가 책임지리다. 왜 그리 고집을 피우는 거요?"

내가 대답하였다.

"나는 할 말을 다 했고, 더 이상 자백할 것이 아무것도 없소. 내가 죽으면 그것으로 모든 게 끝이 날 테고 나를 살려 둔다면 그건 천주의 뜻일 게요. 허나 나는 살고자 하는 생각이 전혀 없소. 그러니 어서 나를 있던 자리로 도로 데려가시오."

이 모든 수작은 영장이 종용하게 한 것이었다. 나를 다시 데려다 놓으니 관청 문은 이미 열려 있었다. 나는 곧 법정에 호출되었다. 영장은 화가 나서 큰 소리로 말하였다.

"나는 이 일을 종결 짓고 싶다마는, 유독 너만 확실하게 진술하지 않으니 내가 일을 종잡을 수가 없다."

이렇게 말하고는 영장은 모든 책에 대한 책임은 내게 있다며 몇 마디 말로 결론지었다. 이럴진대 내가 무슨 말을 더 보탤 수 있겠는가? 그런데 그게 다가 아니었다. 교우들은 수많은 상본과 성물도 내게 뒤집어씌웠다. 그 상본들과 성물들 중 여러 점은 외국에서 들여온 것인데도 말이다.

　영장이 말하였다.
　"너는 더 이상 변명의 여지가 없을 것이다. 이 그림들과 물건들을 어디서 났는지 고하라."

　내가 대답하였다.
　"서책 몇 권에 대해서는 이미 진술했으니, 나머지 물건들에 대해서는 그 주인들에게 물어보시오."

　영장은
　"모두들 그 책임이 네게 있다고 한다."
고 하였다.

어찌할 것인가? 나를 변론하자니 도리어 일만 복잡하게 만드는 꼴이 될 것이다. 어쩔 수 없이 모든 기도서에 대한 책임은 내가 맡아 안는다 쳐도 상본들과 기타 물건들에 대해서는 곤란한 점이 남아 있어서 나는 어떻게 대답해야 할지 몰라 입을 다물고 있었다.

영장은 옥에 갇힌 교우들에게 그 물건들이 전부 내게서 나온 것이냐고 재차 물었고 그들은 그렇다고 대답하였다. 그래서 나는 이렇게 말하였다.

"모두들 모든 책임을 내게 돌리니 나의 결백함을 증명할 도리가 없습니다. 허나 일의 내막을 대략 아뢰오리다. 내가 몇 해 전에 들은 이야기인데, 신유년(1801) 이듬해 어떤 이가 당시에 처형된 사람의 집을 사서 집을 허물다 벽 속에서 그 물건들을 발견했다고 합니다. 그래서 그 물건들을 서로 나눠 갖는 바람에 사방에 퍼지게 되었으니 십중팔구 이 물건들이 거기서 나온 것일 겁니다."

영장이 격노하여 말하였다.

"이런 식으로 가다가는 어떤 결론에도 이르지 못할 것이다.

우선 저 천주교인들부터 고문해야겠다."

형리들이 줄을 잡고 그것을 가지고 교우들의 팔다리에 줄톱질을 하였다. 그러니 그럴수록 교우들은 모두 송사의 책임을 내게 돌렸다. 도무지 어찌할 도리가 보이지 않아 내가 말을 하려던 참인데, 영장이 내게도 똑같은 고문을 하라고 하면서,

"약하게 해서는 오늘 끝을 보지 못할 터이니 힘껏 조여라."
고 하면서 형리들을 다그쳤다.

영장이 재촉하니 형리들은 내 사정을 봐줄 여지가 없었다. 고문은 끔찍하였다. 그러나 다행히도 나는 전보다 덜 고통스러웠다. '아직도 실토하지 않겠느냐?'는 소리가 들려왔다. 나는 전부 진술했다고 대답하였다.

영장이 고함쳤다.

"이래서는 끝이 나질 않겠다. 더욱 조여라. 다리를 단단히 들어 올려라!"

그 명이 떨어지자마자 명주줄은 완전히 내 살 속으로 파고 들어왔다. 형리가 바짝 조이니 이내 입속의 침은 모두 말라

버렸고 혀가 뻣뻣이 굳어서 말을 하려 해도 할 수가 없었다. 조인 줄을 좀 느슨하게 해 주고 내게 술 몇 모금을 먹였다. 이렇게 숨을 좀 돌리고 난 뒤 나는 사실대로 고했노라고 말하였다.

영장이 말하였다.

"그게 사실이라면 제일 먼저 그 물건들을 받은 자는 누구며 그 다음에 누구누구의 손을 거쳤는지 말하라."

내가 대답하였다.

"1801년에 살았던 사람들은 거의 대부분 죽고 몇 명 남았지만 그 사람들은 천주교인이 아니오. 누가 제일 먼저 그 물건들을 받았으며 누가 누구에게 그 물건들을 전했느냐 물으시는데, 그 경위는 그네들 사이에서 일어난 일이오. 물건 주인이 죽는 바람에 남의 손에 넘어갔든지 누가 거저 주었든지 했겠지요. 누구누구의 손을 거쳤는지 그걸 다 어찌 알 수 있겠습니까."

영장이 말했다.

"다른 죄인들이 말하기를 네가 모든 걸 안다고 하였다."

내가 대답하였다.

"거의 다 모르는 일이외다."

영장이 물었다.

"네가 아는 바를 고하라."

그래서 나는 네댓 사람 이름을 대고 (물론 죽은 이들의 이름을 댄 것이다. 훌륭한 그리스도인들이 늘 그렇게 했듯이 말이다.) 그 밖의 일에 대해서는 내가 전혀 알지 못한다고 말했다.

영장이 말했다.

"그 많은 사람들 중에서 네가 아는 사람이 고작 네댓이라. 네가 나를 조롱하는 게로구나."

다시 결박을 조이니 나는 거의 죽은 몸이 되었다. 영장은 명단을 아전에게 건네주고는 아전이 호명할 터이니 그때마다 내가 아는 사람인지 아닌지 말하라고 하였다. 그런데 나는 말을 할 수 없어서 고갯짓으로 대신 대답하였는데 이름이 불릴 때마다 내가 아는 이든 모르는 이든 나는 전부 모른다고 고갯짓을 하였다. 그러자 영장이 거들며,

"야소도 모르느냐?"

고 물었다. 나는 역시 모른다고 고개로 대답하였다.

저녁이 되었다. 결박을 푸는데 끈이 살 속으로 파고 들어가 있어 줄을 풀 수가 없었다. 그것을 끄집어내는 동안 나는 까무러쳤다. 관졸들이 나를 다시 떠메어 옥에 데려다 놓았다. 나는 아무것도 먹지 못한 채 쓰고 있던 칼에 머리를 기대고 감옥 바닥에 몸을 뉘었다.

동헌에서 들렸던 무서운 비명소리가 여전히 귓전에 맴도는데 나는 문득 영장이,

"야소도 모르느냐?"

고 물었던 것이 생각났다. 그제야 곰곰이 생각해 보니 예수의 거룩한 이름의 한자를 조선어로 야소로 발음한다는 것이 떠

올랐다. 나는 온몸이 떨리며 한스럽고 슬프기 짝이 없었는데 도무지 돌이킬 도리가 없었다.

> 한자를 중국에서는 예수로 발음하는데 조선의 천주교인들이 그 발음을 그대로 따라 하였다. 그러나 이 나라의 외교인들은 한자만 보고 조선식으로 야소로 발음하였다. 가련한 수형자가 그와 같은 상황 속에서 미처 이 생각을 하지 못했다는 것은 납득이 간다.

나는 가슴이 죄어 와 숨도 제대로 쉴 수가 없었다. 옥사쟁이가 와서 나보고 음식을 먹으라고 또 다그치지만, 나는 이제 죽음도 헛된 것이 되어 버렸다는 생각에 기가 꺾이고 한스럽고 화가 치밀어 먹을 마음이 저만치 달아나 내게 밥을 갖다 주는 사람들을 퉁명스럽게 되돌려보냈다. 그래도 거듭 권유하는 바람에 나는 술만 몇 모금 마셨다. 그러고는 혼자 생각하기를, 영장이 예수를 말하려 했다 해도 나는 어김없이 야소로 들었으니 천주께서 나를 용서해 주실까 하며 마음을 다독여 보려고 애써 보았다. 그러다 다음 날 영장 앞에서 분명하게 내가 한 말을 취소하기로 다짐하였다. 그런데 그 다음부터는 문관 수령[고을 원] 앞으로 끌려나가는 바람에 진술을 번복할 기회를 놓쳤으니, 회한이 뼛속까지 사무칠 따름이었다.

이튿날, 음력 5월 5일에 나는 문관 수령 앞으로 끌려나갔다. 법정에는 본관을 비롯해 무주, 고산, 익산의 관장들이 있었다.[17] 익산 관장이 아전을 데리고 난간 가까이로 와서 앉더니 내게 말하였다.

"당신이 그저 행동의 본보기로 삼을 교리를 원한다면 공자나 맹자, 그 외 다른 여러 성현들의 가르침으로 충분할 터인데, 지금 임금께서 금하시는 것을 거슬러 외국의 교리를 따르니 붙잡혀 왔잖소. 그건 죽어 마땅한 죄 아니겠소?"

나는 상황이 진영과는 다르다는 것을 느꼈다. 본관은 사

---

17 고을 수령은 혼자서 사건을 조사 결정할 수 없고, 감사가 임명하는 다른 두 명의 수령이 함께 모여서 재판을 하게 된다.

나운 얼굴을 하고 있었지만 다른 관장들은 상냥해 보였다. 그들은 연민의 눈길로 나를 바라보았고, 내가 끔찍한 고문을 당한 것을 안쓰러워하는 것 같았다. 그들의 수행원들도 고래고래 소리를 지르지 않고 조곤조곤하게 말하였다. 내가 마치 법정에 있는 것이 아니라 개인적인 일로 와 있는 듯한 분위기였다. 그런 만큼 나는 더욱 정중히 대답하였다.

"나라에서는 우리의 교教가 다른 나라에서 들어왔다는 그 한 가지 이유로 금하고 있습니다. 허나 원님들도 외국에서 들여온 물건들을 가지고 계십니다. 원님들도 서책이며 의복이며 세간이며, 타국에서 온 것들을 가지고 계십니다."

관장이 말하였다.
"그런 것들은 모든 나라에서 사용하는 물건들이니 그것들을 금할 이유가 없소. 그러나 교리로 말할 것 같으면 공자와 맹자로 충분하지 않은가?"

내가 대답하였다.
"몸에 병이 있을 때 우리나라의 약으로만 효험을 보지 못하면 중국 약의 도움을 받고 그렇게 해서 종종 치유가 되기도 합니다. 사람마다 칠정七情이라는 깊은 병을 지니고 있는데, 우리의 교가 아니면 그것을 치유할 수 없습니다. 내가 공자와 맹자의 도를 모르는 바가 아닙니다. 그러나 내가 보기에 공자의 사당이든 맹자의 사당이든 모이기만 하면 밥 한 그릇 고기 한 점을 위해 서로 싸우고 욕설까지 퍼부으니, 그 사람들은 성현의 가르침과 행적에는 그리 신경 쓰지 않을 뿐더러 오히려 성현들을 욕되게 하는 일을 종종 해서 그 사당들은 덕이 아니라 타락을 학습하는 장이 되고 말지요.

적어도 겉으로는 예법을 좀 지키려고 하는 사람이 몇 있으나, 그 사람들도 마음 깊은 곳에는 악이 여전히 적잖이 남아 있습니다. 그와 반대로 우리 교는 사람의 안과 밖을 모두 통어합니다. 먼저 칠정을 바로잡음으로써 안을 다스리고 그 못지않게 천주십계로 밖을 이끄니 실상 우리 교는 공자나 그 밖의 성현들의 도를 완성한 것이지요."

관장이 물었다.
"그 말대로라면 그 교가 사교일 리야 없겠으나 상감께서 그 교를 금하시니, 그렇다면 상감께서 틀리셨다는 말인가?"[18]

내가 대답하였다.

"하늘에 해가 하나이듯 나라에 도道도 하나라는 말씀을 하시려는데, 좋습니다. 참된 도와 거짓 도, 선비들의 도와 천주의 도가 있는 오늘날에는 참된 것과 거짓된 것을 구별해 낼 때까지는 당분간 상감께서 그것을 금하시는 것도 틀리지는 않을 것입니다. 그러나 그 교리는 사실 참된 도이기에 그 교를 신봉하는 사람도 틀렸다고는 할 수 없습니다."

관장이 물었다.

"거짓은 거짓이고 참은 참이거늘, 네 말을 들어 보면 하나의 동일한 대상 안에 참과 거짓이 동시에 존재한다는 소리가 아니냐."

---

18 원문 주: 이 나라에서는 국왕에 대한 경외심에서 누구라도 국왕이 틀렸다는 말을 절대로 할 수 없다. 신자들이 에둘러 말하여 답변하는 것도 바로 이러한 이유 때문이다.

내가 대답하였다.

"어떠한 경우에라도 이치가 대스승이기는 합니다. 그렇기는 하지만 이치로써 참과 거짓을 구별하기 시작하면 어느 때는 미처 참이다 거짓이다 규정할 수 없는 때가 있습니다. 그럴 때면 토론에 토론을 거듭 하는 중에 어떤 이들이 먼저 참된 도리를 식별하지요. 도에 있어서도 이와 같습니다. 조정에서 미처 알아보지 못한 진리를 백성이 먼저 식별하는 수가 있습니다. 오늘날 이 나라에서 일어나고 있는 일이 바로 그러합니다."

관장이 물었다.

"그 말대로라면 너희들 가운데 국법에 따라 처형된 자들이, 그래서 옳았다는 것이냐?"

내가 대답하였다.

"그 또한 도가 참되다면 그들이 옳았을 테고, 도가 거짓이라면 그들이 틀렸을 테지요."

이때 본관이 자리에서 벌떡 일어나 성난 소리로,

"그런 말은 다 소용없다."

하더니 공안을 가져오라 하였다. 그런 다음에 몇 마디 말로 판결을 내렸는데 나는 그 말을 듣지 못했다. 무주 관장이 그것을 읽어 보더니 깜짝 놀라며,

"사형으로 결정하였군요."

하니, 본관이,

"그렇게 됐소이다…"

하였다. 무주 관장은,

"이번 송사는 사형까지 갈 이유가 없잖소."

하면서 이 판결을 유감스러워하는 듯하였다. 그러나 본관은,

"이렇게 결정짓는 게 마땅하오."

하고 덧붙였다. 그 다음에는 익산 관장이 나서서 내게 말하였다.

"네가 영장 앞에서 진술했던 내용을 다시 말해 보아라. 또 네가 좀 전에 설명했던 칠정에 대해서도 상세히 말해 보아라."

그래서 나는 진영에서 진술했던 내용을 그대로 다시 말하였고, 칠정에 해당되는 하나하나가 어떻게 그와 상반되는 일곱 가지 덕으로 다스려지는가에 대해 설명하였더니, 아전이 그것을 전부 기록하였다.

관장이 말하였다.
"네가 당한 형벌과 이렇게까지 된 네 몸 상태를 보아 하니 참으로 지나친 고문을 가하였구나. 네 몸 상태로는 네 송사의 판결문 요지를 직접 읽을 수 없을 것이니 서리가 대신 읽어 들려주겠다."

그러고는 판결문을 서리에게 건넸고 서리가 그것을 읽었다. 그것은 대략 송사의 핵심 되는 내용이긴 했지만 상세한 사항은 빠져 있었다. 송사를 경감하여 나를 살려 주는 쪽으로 결송한 듯하였다.

내가 말하였다.
"원님들께서 저를 측은히 여기신 것 같습니다만, 그런 판결을 내리시면 국법을 어기는 재판으로 남을 것입니다."[19]

본관이 화난 어조로 말하였다.
"저자에게 사형을 선고하는 게 나을 법했소이다. 저자들은 모두 저렇게 고집이 세다니까요."

익산 관장이 말하였다.
"영감 말씀이 틀리지 않은 것 같습니다. 이봐라, 너는 국가의 금령을 범한 자이고, 나는 너를 재판하는 행정관이다. 서양이라면 네 말을 들어 주겠지만, 이 나라에서는 너를 구제할 방법이 없다."

이렇게 말하고 나서 옥사쟁이를 불러 나를 그에게 넘기니 그가 나를 어느 개인 집에다 데려다 놓았다. 네댓새가 지나니 나는 일어설 수는 있었으나 걷지는 못하였다. 음식도 도무지

---

[19] 필사본에는 "Le jugement sera un triomphe sur la loi."로 되어 있다. 이 문장을 직역하면, "그 재판은 국법을 이긴 재판이 될 것입니다."가 될 것인데, 본문 맥락에 맞춰 의역을 했다.

먹을 수가 없어서 술만 겨우 넘겼다.

　며칠이 지나서 나는 감사 앞으로 이송되었다. 거기에 교우들이 모두 모여 있었다. 문밖에서 기다리는 동안 나는 목에 차고 있는 큰칼에 몸을 의지한 채 앉아 있었다.
　형리들과 아전들이 나를 조롱하였다. 어떤 자들은 발로 내가 쓰고 있던 칼을 차기도 했고, 제일 못된 자는 아예 칼 위에 올라타서 더 무겁게 내리눌렀다. 그들은 오다가다 욕설만 퍼부었다.
　나는 첫 번째로 불려 들어갔다.

　감사가 물었다.
　"너는 양반이냐?"

　내가 대답하였다.
　"여기서 양반과 상민의 차이가 무슨 소용이 있습니까?"

　감사가 말했다.

"너희가 그 교教를 따르려거든 어찌하여 숨어서 하지 않는 게냐?" 하더니 책과 상본과 성물들의 주인을 일일이 고하라고 명령하였다.

내가 대답하였다.

"문초를 받을 때 모든 수인들이 그 책임을 내게 돌리니 재판관이 나보고 자백하라고 다그쳤고, 내가 모르는 일이라고 말하니 어떻게든 내가 모든 책임을 떠맡기를 강요하며 형벌을 배가하였습니다. 나는 더 이상 어찌할 수 없어서 모든 걸 받아들여야 했습니다. 그런데 이제 저 물건들이 각각 누구의 것이냐고 물으시니 그것을 어찌 알 수 있겠습니까?"

감사가 물었다.
"신주를 모시느냐?"

내가 대답하였다.
"신주는 없습니다."

감사가 물었다.

"왜 모시지 않느냐?"

내가 대답하였다.

"몰락한 가문에 홀로 남아 집도 없이 늘 이리저리 떠도는 처지이고 보니, 신주를 모실 자리조차 생기지 않아 신주가 없습니다."

감사가 물었다.

"제사도 지내지 않느냐?"

내가 대답하였다.

"기일이 되면 형편이 닿는 대로 음식만 준비하여 이웃과 나누어 먹습니다."

감사가 물었다.

"절도 올리지 않고 음식을 먹는다는 게냐?"

감사는 더 이상 묻지 않고 나를 옥사쟁이에게 넘겼다. 이튿날 나는 본관 앞으로 끌려갔다. 옥에 갇힌 모든 교우가 거기에 있었다. 우리는 다섯 명씩 불려 나가서 다리에 곤장 몇 대를 맞았다. 비록 호되게 매질을 당했지만 주리틀기 형벌에 비하면 그건 형벌도 아니었다. 그러고 난 뒤 몸의 결박을 풀고 큰칼을 씌우고, 손에는 쇠고랑을 발에는 철착고를 채웠다. 나는 몸이 너무 부어 있어서 내 발에는 철착고를 채우지 않았다. 우리가 옥으로 다시 끌려가는데 관장이 내 몸 상태를 보더니 아전에게 내게는 큰칼을 벗기고 가벼운 것을 씌우라고 하였다. 그렇게 해서 처음으로 나는 큰칼을 벗게 되었다. 내 다리엔 살점 하나 붙어 있지 않았고 뼈만 허옇게 드러났다. 나는 앉지도 못하고 밥을 먹을 수도 없어서 매일 탁주 두세 사발 마시는 게 고작이었다. 아무도 내 곁에 다가올 엄두를 내지 못했고 내 옆으로 지나갈 때면 코를 막았다. 그렇지 않아도 옥간엔 이 빈대 벼룩이 득실거려서 누구도 그것들을 배겨낼 수 없었다. 다행히 몸 상태가 양호한 교우가 몇 명 있어서 내가 몸을 좀 움직일 수 있도록 그들이 나를 부축해 주기도 하고 또 배설물도 치워 주었다. 그 고마움을 어찌 다

갚을꼬?

저 용감한 증거자[신태보 베드로]가 갇혀 있던 감옥의 상황은 이와 같았다. 우리가 곧 뒤에서 보겠지만, 그는 소송의 결말을 기다리면서 한동안 이곳에 남아 있었다.[20]

---

20 다블뤼의 『비망기』에는 신태보가 음력 5월에 받은 문초 내용을 끝으로 그의 수기가 더 이상 인용되지 않고, 뒤에서 1839년, 전주옥에 갇혀 있던 다섯 증거자의 순교를 간단히 서술할 때 신태보가 마지막으로 언급된다. 그러나 다블뤼가 『비망기』보다 앞서 기록한 『조선 주요 순교자 약전』에는 비망기에 빠져 있는 대목이 있어 여기에 소개한다: "음력 5월 중 그[신태보]는 사형을 선고받고 줄곧 형 집행을 기다리고 있었으나, 그것에 대하여 말이 없었다. 그렇게 삼사 년이 흘렀을 때 [신태보]베드로와 거기에 갇혀 있던 교우들은 회개만 한다면 석방될 방법이 있을 거라는 말을 듣고는 웃음을 터뜨리며, 자기네는 끝까지 결과를 감내하기로 결심했고 마음을 바꿀 수 없다고 대답하였다. 그리하여 그들은 [전주]옥에 남아 그 안에서 종교적 수련에 전념하였고, 그렇게 13년이 흘렀다." 『조선 주요 순교자 약전』, 126~127쪽 참조.

10. 미완의 수기, 순교로 완성하다 (ff. 470-471)

조정의 명령은 전라도 수부 전주에까지 하달되어 다섯 증거자[21]의 고통에 종지부를 찍게 되었다. 김대관[대권] 베드로는 그 누구보다 이 기쁜 소식을 초조하게 기다려 왔다. 그래서 옥사쟁이들이나 다른 사람들이 옥살이를 하고 있는 그 다섯 교우에게 죽음에 대해 운운하면 그는 그 말을 반기며,

"그날이 언제요? 어느 날이라오?"

하곤 하였다. 그래서 마침내 그날이 오자 [김대권] 베드로는 몹시 기뻐하며 천주께 열렬히 감사를 드렸다. 정[태봉] 바오로는 인정에 이끌릴까 두려워 옥사쟁이에게 그날 처자식을 오지 못하게 해 달라고 당부하였다.

신[태보] 베드로는 힘들어 하며 생을 떠났다. 그러나 그 나약함 때문에 희생이 더욱 칭송받을 만한 것이 되지 않았는가?

---

21 전주옥에는 신태보 베드로, 김대권 베드로, 이태권 베드로, 정태봉 바오로, 이일언 욥이 갇혀 있었다.

다섯 명 모두가 처형장으로 끌려갔다. 이[일언] 욥은 그의 아이들이 울면서 아버지를 따라오니 아이들에게 밝은 표정을 보이며 호탕하게 말하였다.

"수많은 세월을 이곳에서 기다려 오다 드디어 오늘 천국을 향해 가게 되었는데, 이렇게 기쁜 일에 왜 우는 것이냐? 애통해하지 말거라. 그리고 이 아비를 따라 훌륭한 교우가 되도록 힘써라."

다섯 증거자의 생의 줄은 장터에 모인 군중들 한가운데서 칼을 받고 끊어졌다. 때는 1839년 5월 29일, 음력 4월 17일이었다. 이[태권] 베드로는 58세, 이[일언] 욥은 73세, 정태봉 바오로는 44세, 신태보 베드로는 70세가량이었다. 그리고 김대관[대권] 베드로는 ○○[22]세였다.

---

22 원본에 나이를 공란으로 비워 두었다.

11. 신태보의 며느리 최조이 바르바라의 문초와 순교
(ff. 470-471)

최[조이] 바르바라는 1801년[신유] 여주의 순교자 최[창주] 마르첼리노의 딸이었다. 자제력이 좀 없었던 그녀의 성격은 교리 교육을 착실히 받고는 교정되어서 얼마 지나지 않아서는 빈곤한 생활 속에서도 인내할 줄 알고 천주와 이웃을 향한 애덕을 실천하며 모든 사람과 화목하게 지내서 칭송을 받았다. 그녀는 모든 이에게 헌신적이었다. 상심에 빠진 이들을 위로했으며 가난한 이들에게 물질적 도움을 주었고 이웃을 위해 기꺼이 노고와 돈을 아끼지 않았다.

그녀는 신태보 베드로의 아들에게 시집갔는데 얼마 안 가서 남편을 잃고 과부가 되었다. 그리하여 홀로되어 시아버지[신태보]를 모시며 살면서 날마다 늘어나는 방문객들로 되풀이되는 곤란한 처지에 있으면서도 한번도 괴롭거나 우울한 기색을 드러내지 않았다.

1827년[정해]에 시아버지와 함께 체포된 그녀는 배교하지 않았는데도 이유는 알 수 없으나 곧 풀려 나왔다. 그때부터 집도 없어서 친척들이나 친구들 집에 얹혀살았는데, 지병을 앓으며 몸이 쇠약해진 상태에 있으면서도 오랜 세월 동안 옥에 갇혀 있는 시아버지를 자주 가서 찾아뵙고 함께 옥살이 하는 신자들에게 용기를 돋우어 주려고 애썼다.

1839년[기해]에 최조이 바르바라는 [홍재영] 프로타시오의 집에서 체포되어 영장 앞에서 첫 문초를 받고 가벼운 형벌을 좀 받았는데, 그녀는 의연하게 그것을 감내하였다. 그 후 그녀는 감사 앞으로 이송되었다. 감사가 그녀에게 너는 누구냐고 물었고, 바르바라는 솔직하고 당당하게 이렇게 대답하였다.

"저는 1801년[신유]에 참수당한 최[창주] 마르첼리노의 딸이며, 올봄에 이 읍내에서 참수당한 신[태보] 베드로의 며느리입니다."

"그러하다면 너도 필경 천주교인임을 고백했으렸다."

"참으로 그렇습니다."

"그렇다면야 너는 죽는 수밖에 없다."

"저는 이때가 오리라 잘 알고 있었습니다. 하여, 오래전부터 죽음을 맞이할 준비를 하였습니다."

> 이 말 뒤로 더 이상 문초는 없었고, 최 바르바라는 사형을 선고받고 어떤 형벌도 받지 않은 채 옥으로 보내졌다. 같은 집에서 체포된 저 용맹한 증거자들[23]은 옥에서 다시 만나게 되었고 서로 용기를 주며 항구한 마음을 지켜냈다.
>
> 1840년 1월 4일(음력 1839년 11월 30일)에 그 4명의 순교자들은 하늘나라로 올라갔다. 당시 [홍재영] 프로타시오는 60세, 오[종례] 야고보는 19세, 이[조이] 막달레나는 32세였으며, 최[조이] 바르바라는 오십 몇 세였다.

---

23 홍재영의 집에서 함께 붙들린 최조이 바르바라, 홍재영 프로타시오, 오종례 야고보, 이조이 막달레나를 말한다.

신태보
옥중수기
원문

Mgr Daveluy,
Notes pour l'histoire des martyrs de Corée
⟨Les mémoires de Sin [T'ai po] Pierre⟩

1. [f.72]

(……) Nous avons déjà dit que la présence du Prêtre soupçonnée par beaucoup de X^{tiens}[1] n'était pas réellement connue. Nous en voyons la preuve dans les mémoires de Sin Pierre, dit T'ai po et ce que nous en détachons ici fera connaître ce qui a dû se passer chez mille autres X^{tiens}, sans que rien nous en soit parvenu. Mais auparavant disons un mot de ce célèbre X^{tien}[2] qui rendit souvent service à la Religion et finit par la sceller de son sang en 1839.

Sin Pierre appelé T'ai po, était un noble de condition

---

1 X^{tiens} : chrétiens의 약어.

2 X^{tien} : chrétien의 약어.

moyenne habitant à Tong san mit au district de Ni t'sien, province du Kieng kei. Dans le village de Tong San mit, son caractère ferme et droit joint à quelque peu d'éducation, le mettait à même de se mêler avantageuscment aux affaires et guidé par un de ses parents nommé Ni Jean dit Ie tsin i, branche des Ni de Tien ei, habitant au même endroit, ils furent ensemble instruits de la Religion et désiraient $^{\text{vivement}\,3}$ se rendre utiles. Ni Jean est celui que nous verrons plus tard renouer les communications avec Péking. Les mémoires que nous allons citer furent rédigées par Sin Pierre, probablement en 1838 dans sa prison et sur un ordre de M$^{r\,4}$ Chastan.

---

3 원본에 작은 필체로 단어를 첨가해 놓았다.
4 M^r: Monsieur의 약어.

2. [ff.72-74]

[f.72] «En 1791, quand parut la première prohibition formelle, je connaissais aussi la Religion sans cependant la pratiquer. Plusieurs nobles X^tiens du parti des Nam in alors dans les charges ^et qui m'étaient auparavant attachés battirent à froid. Il n'y avait plus moyen de se ~~communiquer~~[5] parler ni communiquer des livres ;ils baissèrent la tête fermèrent leur porte et ne se souciaient plus d'avoir des relations. Moi aussi effrayé par l'exécution des martyrs Ioun et Kouen, [f.73] je pensai qu'il n'y avait rien plus à faire, et quoique dans le cœur j'eusse la foi, au dehors je rompis naturellement avec mes amis, et n'avais plus de force de me relever. Les prières journalières se récitaient ou ne se récitaient pas. J'étais sans savoir à quoi m'arrêter. Heureusement je conférai de tout avec Ni Jean, dit Ie tsin i. Liés par la parenté, nous avions été instruits par le même maître et vivions l'un près de l'autre. En un mois tous deux nous perdimes nos parents et restés seuls,

---

5 원본에 취소선으로 처리되어있다. 이하 취소선은 모두 동일한 이유에 근거함.

devant nous soutenir mutuellement, notre attachement à la Religion sembla revivre. Ce n'était guère toutefois qu'en paroles. Il y avait à la Capitale un X^{tien alors} dans les charges chez lequel nous allions tous deux fréquemment. Quoique notre demeure en fut à 140 lys, chaque mois nous faisions cette route deux ou trois fois, le voyant ou ne le voyant pas, et par suite peu de communications surtout en matière de Religion. Nous désirions surtout avoir des nouvelles du Prêtre, et s'il y en avait un, de nous mettre en rapport avec lui ; Mais ce X^{tien} sur la route des dignités était plus réservé que tout autre. S'il ne disait rien, je me taisais. A la 12° Lune de l'année mou o (commencement de 1799) par une nuit très froide, je couchai chez lui. Au chant du coq, la neige couvrant plaines et montagnes, cet ami se lève, tire d'une armoire une paire de bas d'enfants, et me la donne en disant de la chausser. Les ayant regardés, il me parut qu'un enfant lui-même ne pourrait les mettre et tout étonné, je dis : Pourquoi engagez-vous une grande personne à mettre des bas d'enfants? C'est là une de vos farces. - Il me répond : La Religion étant très équitable, il n'y a vis à vis d'elle ni grands ni petits, ni nobles, ni roturier, à peu près comme ces bas, qui souples ~~qui soup~~ et élastiques, vont aux grands comme aux petits. Dans la Religion avec de la ferveur on peut voir le prêtre, comme ces bas avec un peu d'efforts entrent bien à un grand pied. Déjà le jour commençait à paraître, les gens du dehors se remuaient pour balayer la neige, je fais quelques efforts, et au fait les bas entrent à mon pied. C'étaient des bas venus d'Europe. Travaillés avec de la laine, ils s'élargissaient ~~avec~~ selon le pied de celui qui les chausse_ J'interrogeai alors beaucoup sur le Prêtre, mais cet ami me dit : Ce que je vous ai dit suffit :Tout dépend de vos actes : Rien de plus. Ce jour là, je m'empressai d'aller de tous côtés chercher des X^{tiens} pour savoir ce fin mot ; mais **[f.74]** partout aucune réponse. Il n'y a pas mèche. Devenu semblable à un malade, je tournai, avançai de ci de là, puis enfin sans espoir, je ^{re}tourne chez moi et fais part de cet événement à mon parent Ni Jean. Dès le lendemain, il se rend à la Capitale et après environ quinze jours il revi^{e}nt en disant : Il y a bien quelque chose en dessous ; mais pour le voir aucun espoir. Dix jours après, je remonte de nouveau.

Mes connaissances semblent plus froides que jamais et cachent tout, sans même me permettre d'ouvrir la bouche. Enfin n'ayant plus où chercher et interroger, je vais chez un ami, y séjourne quelques jours et le conjure de dire quelque chose. Il répond : Quoiqu'il y ait peut-être maintenant des personnes qui reçoivent les Sacrements, il n'y a aucun moyen de le voir. Selon moi, vous ne gagnerez rien à rester ici, retournez chez vous, attendez un peu et préparez-vous aux Sacrements : C'est le meilleur parti : au surplus agissez comme vous voudrez.

Il me parut aussi que c'était ainsi, je redescendis et rapportai le tout à mon parent avec une joie mêlée de soupirs. Tour à tour, nous fîmes la route sept à huit fois, mais sans aucun succès. Alors nous décidâmes qu'il fallait que l'un de nous s'établît à la Capitale pour voir la tournure des choses, et aussitôt Ni Jean laissant une partie de sa famille en province, se procure quelqu'argent et va s'établir dans cette ville... et toutefois nous ne pûmes avoir la consolation de voir une seule fois le Prêtre. La nouvelle de sa mort nous arriva plus tard et ne fit qu'augmenter nos regrets et notre désolation. »

Qui ne serait attendri à voir des efforts si sincères et si constants que Dieu ne permit pas d'être couronnés de succès. Mais surtout quand il faut penser que de telles démarches devaient être faites à cette époque par une multitude d'âmes affamées de la vérité, que pourront répondre tant de Xtiens[6], qui environnés de mille grâces, en abusent tous les jours? Le secret était alors des plus stricts : La présence du Prêtre était alors connue du gouvernement, des arrestations et exécutions avaient lieu journellement de côté et d'autre. Faut-il s'étonner si les précautions les plus sévères étaient prises pour conserver l'unique pasteur sur lequel semblait reposer tout le salut du troupeau.

---

6 Xtiens : chrétiens의 약어.

3. [ff.76-78]

[f.76] ((......) L'interrogatoire suivant conservé par Sin Pierre dans ses mémoires est, pensons-nous, celui de Thomas et son caractère semble s'y révéler.)

~~Une partie de ces interrogatoires nous a été conservée et la rapportons telle qu'elle se trouve dans les mémoires de Sin Pierre exilé plus haut~~ :

Le roi : Moi aussi j'ai lu les livres de la Religion, mais comment te semble-t-elle comparée [f.77] comparée à celle de Foe? Le X^{tien}[7] : La religion X^{tienne}[8] ne doit pas être comparée à celle de Foe. Le Ciel, la terre et les hommes, tout n'existe maintenant que par un bienfait de Dieu et ne se conserve que par le bienfait de l'Incarnation et de la Rédemption de ce très-haut et très-grand Dieu maitre et gubernateur de toutes choses ; comment pourrait-on mettre la Religion en comparaison avec cette autre

---

7 Xtien : chrétien의 약어.

8 Xtienne : chrétienne의 약어.

doctrine dénuée de fondements et sans principes. Ici c'est la véritable voie, la vraie doctrine._ Le roi : Celui que vous appellez très haut et très-grand maitre de toutes choses, comment a-t-il pu venir dans ce monde, s'y incarner et qui plus est s'y le sauver par la mort infâme qu'il subit de la main des méchants? Ceci est difficile à croire._ Le X^{tien} : Autrefois le très-saint roi Seng t'ang voyant une sécheresse de sept ans et tout le peuple réduit à la mort ne put y rester insensible. Il coupa ses oncles, se rasa les cheveux et le corps couvert de paille il offrit son propre corps en victime et allant dans le désert de Seng lim se mit à pleurer et regretter ses péchés, puis composant une prière il s'offrit en sacrifice. La prière n'était pas achevée qu'une pluie abondante tomba sur un espace de plus de deux mille lys. Depuis ce temps, tout le monde sait qu'on l'appelle le saint roi. (Tiré de l'histoire de Chine.)

Or combien plus grand n'est pas le bienfait de la Rédemption? Tous les peuples anciens, modernes et futurs, toutes les choses de ce monde sont imprégnées du bienfait de la Rédemption, et ne subsistent que par elle.

Aussi je ne puis concevoir comment vous dites que c'est difficile à croire. - Le roi : La doctrine de Foe (le nom de Foe signifie qui sait et connait tout, sans égal. Ce nom ne se donne qu'à Siek ka ie roi fondateur de la secte qui parait l'avoir pris et peut-être forgé lui-même.) n'est pas non plus à traiter légèrement. Le nom seul de Foe très-haut et très-grand est sans égal : comment le regarder légèrement et avec mépris? – Le X^{tien} : Si ce n'était ce nom de quoi eut-il pu se couvrir? Aussi le vola-t-il? Mais par le fait Siek ka ie roi est un homme fils du roi Tsieng pan et de la dame Mai ia. Or de la main droite montrant le ciel et de la gauche la terre il dit : Au Ciel et sur la terre moi seul **[f.78]** suis grand. N'est-ce pas là un orgueil et une vanité extrêmes et ridicules? Quelle ~~sainteté~~ vertu et quelle sainteté eut-il pourqu'on ne puisse le traiter légèrement et avec mépris? - Le roi : La vérité se soutient par elle-même et chaque chose à la fin tourne du vrai côté. Nous verrons la suite.»

4. [f.130]

[f.130] Les habits, le chapeau ~~et~~ deux images qui avaient appartenu au Prêtre furent longtemps conservés précieusement et avec respect par les X^{tiens}. Sin Pierre dit dans ses mémoires que plusieurs fois elles furent préservées de l'incendie d'une manière qui tient du prodige ; aujourd'hui on ne sait plus où elles sont.

Nous citerons encore ici un fait peu important, il est vrai, mais qui ne sort pas du but d'édification que nous nous sommes proposés. Il est rapporté dans les mémoires écrits de deux de nos martyrs de 1839. Un jeune homme dont le père fut martyrisé avant 1801, fut marié par ses parents au commencement de leur conversion. Le jour du mariage il dit à son épouse : Rempli d'amour pour la virginité, je me sens un grand désir de la conserver, quels seraient vos sentiments à cet égard? Celle-ci donne son consentement avec joie et ils se promettent de vivre en frère et sœur, ce qu'ils ont fait. Le P.Tsiou appella ensuite le mari près de lui et en fit son servant. Un jour c'était avant la persécution de 1801, il fit part au Prêtre d'un songe qu'il avait eu et dont la pensée ne le laissait pas tranquille. Je vis, dit-il, une mer de sang que beaucoup de personnes montées sur une frêle barque s'efforçaient de traverser. Tout à coup une tempête s'élève, et pendant qu'un grand nombre périssait englouti par les flots, une Dame vêtue de blanc vint à moi et semblait me sauver de ce péril. Je ne fus donc pas englouti dans les flots, puis il ajouta que veut dire ce songe? Le P.Tsiou répondit : Sous peu de temps une grande persécution s'élèvera dans ce royaume, mais la religion n'y sera pas anéantie ; soutenue qu'elle est par la Très Ste Vierge elle ne saurait tomber entièrement. Pour toi au milieu de la tourmente générale tu ne périras pas, sois donc sur tes gardes et aies soin de l'éviter : l'événement justifia de point en point l'interprétation du prêtre ; quand surgit la persécution le servant selon l'ordre qu'il en avait reçu, se mit en devoir de l'éviter et se retira en province, où la rage des tyrans ne l'atteignit pas ; il mourut paisiblement 4 ou 5 ans plus tard.

5. [ff.205-207]

[f.205] La chrétienté était dispersée et consternée. Beaucoup de familles cessèrent alors de pratiquer une Religion qu'ils croyaient et aimaient, mais qu'ils ne pouvaient conserver qu'au péril de leur vie. D'autres voulaient encore observer les règles de l'Eglise, mais sans chefs ni livres ils en faisaient bien peu et dans le plus grand secret ; d'où il faut conclure que pendant un certain intervalle de temps, le nombre des vrais pratiquants dans ce royaume fut bien petit. Ils se consolaient et fortifiaient, nous dit Sin Pierre dans ses mémoires, par l'espoir de retrouver plus tard des pasteurs et étaient soutenus par ~~autre personnes~~ la vue des miracles qui avaient eu lieu pendant le cours de la persécution, et aussi sans doute par la prédication du P.Tsiou pour la rentrée des Prêtres. Mais quels sont ces miracles? Tous les anciens prétendent tenir de la tradition qu'il y en eut beaucoup, et malgré cela, nous sommes forcés d'avouer que toutes nos recherches à ce sujet n'ont pas eu de succès. Nous rapporterons ici le peu de faits plus ou moins miraculeux [f.206] que nous avons pu découvrir et qui n'ont pas trouvé place dans les notices particulières.

(Ni Seng hoa dans ses mémoires dit : Au moment du martyre de P.Tsiou, grands et petits, personne n'ignore les miracles évidents qui eurent lieu et jusqu'aujourd'hui les payens tout en parlant mal de la Religion, quand ils s'entretiennent de ces miracles, disent vraiment c'est incompréhensible, puis se taisent et se retirent. - Serait ce autre chose que ce que nous avons rapporté à la notice du P.Tsiou? - Il ajoute : Il y eut en Corée beaucoup de miracles de la part des Martyrs et des vierges. Je ne puis tout rapporter. Il y eut aussi des punitions frappantes sur les persécuteurs de la Religion, soit parmi les dignitaires, soit parmi le peuple, je ne puis tout dire. »

Sin Pierre écrivait aussi : on parle des miracles sans nombre arrivés près des restes de beaucoup de martyrs. Je ne le tiens que par différentes bouches. Mais comment n'en concevrions nous pas d'espoir?)

Au district de ~~Sin~~ Hong tsiou, dit Sin Pierre, le jour où cinq X^{tiens} avaient été décapités, les valets de la préfecture s'éveillant vers le chant du coq, virent sur le lieu de l'exécution une grande voie semblable à un arc en ciel ^blanc^ ; et sur cette voie cinq palanquins à deux chevaux s'avançaient très visiblement dans les airs, surpris ils veulent aller voir de plus près, mais ils n'apperçoivent plus rien. Ayant divulgué ce qu'ils avaient vu, la conversion de quelques personnes s'ensuivit. - Il écrivit encore :Dans le district de T'siong tsiou au lieu nommé Mou kep tong, à environ deux lys de la ville (c'est le lieu ordinaire des éxécutions) il y avait eu aussi une exécution de X^{tiens}. Quatre jours après en me rendant quelque part, il arriva que je j'entrai pour passer la nuit dans une auberge à trois lys du Mou kep tong. C'était le jour de marché à la ville. Deux ou trois hommes revenant du marché entrèrent à l'auberge où je me trouvais pour allumer le tabac et dirent : C'est bien étonnant en passant après la chute du jour à Mou kep tong, un feu dont on ne peut imaginer l'origine brillait de toutes parts. L'aubergiste dit : Serait-ce un feu qui vient de la ville? Ils répondent : Un feu de la ville, comment pourrait-il se réfléchir si loin, d'autant plus que la voie est masquée par un bois? L'aubergiste dit alors : Depuis qu'on a mis à mort récemment quelques personnes dans ce lieu, c'est singulier, [f.207] beaucoup d'^autres personnes qui y avaient passé de nuit ont rapporté à peu près la même chose que vous. J'ai été moi même témoin de leur surprise à tous, ajoute Pierre.

6. [ff.212-213]

[f.212] Cette même année1804 Tsio tsiou kei un des parents de Tsio Justin dit Tong Siem i, fut arrêté à Tan nai district de Ni t'sien et conduit au tribunal de Iang keun. Dans les tourments il eut la faiblesse de dénoncer Ni Jean dit Ie tsin i dont on a déjà parlé ; et celui-ci fut aussi saisi. A peine cette nouvelle fut-elle connue que Sin Pierre dit T'ai po menacé lui même d'être dénoncé, vendit un cheval qu'il avait et se rendit à la Capitale où par des démarches [f.213] assidues et quelques présents il parvint à faire obtenir l'élargissement de Ni Jean, Dieu le permettant sans doute, comme réservé pour rendre sous peu quelques services importants à la chrétienneté. Ni Jean sortit donc de prison âprès avoir pardonné à Tsio siouk ei et lui avoir fait concevoir un vif regret de sa faute qui peut-être avait été jusqu'à l'apostasie. Quoi qu'il en soit Siouk ie repentant ne fut pas relaché et la tradition rapporte que lorsqu'il allait au supplice, Ni Jean se présenta devant lui et l'appellant, d'un coup d'œil il lui montra le Ciel, à quoi Siouk ie répondit par signe qu'il comprenait. Il fut décapité à Iang keun, et on a tout lieu de croire qu'il mourut bien, quoique le défaut de renseignements précis ne nous permette pas d'en donner l'assurance.

7. [ff.214-217]

[f.214] Alors aussi surtout semblent avoir commencé plus en grand les émigrations dans les montagnes qui eurent bien lieu avant la persécution ; mais ~~qui~~ devinrent plus fréquentes et firent peupler pour ainsi dire les déserts de Corée. Que de peines et de sacrifices pour quitter son pays, ses parents et aller s'établir là où les bêtes farouches seules habitent. On sera bien aise d'entendre d'un de ces X^tiens tous les détails. Nous allons rapporter ce qu'en dit pour sa propre histoire Sin Pierre déjà cité. On y trouvera trait pour trait le tableau des tribulations de mille autres X^tiens. «La persécution était bien apaisée, dit-il, mais nous n'étions que deux et avions perdu les livres de prières. Quel moyen de pratiquer? Par hasard j'apprends que les restes d'une famille de martyrs habite dans le district de Niong in. Je fais tous mes efforts pour la chercher, et enfin je la rencontre. Il n'y avait que des femmes dans l'âge ~~dans l'âge~~ mûr. Tous les jeunes gens étaient encore non formés. En tout trois maisons toutes liées par la parenté. Ils étaient sans appui et sans ressources, mais surtout ne respirant plus quand on parlait de Religion. Ils avaient bien quelques volumes de prières et l'explication [f.215] des Evangiles, mais le tout profondément caché et quand je demandais à les voir, on me coupa la parole en agitant les mains. Il n'y avait plus à tenter. Toutefois ces femmes étaient dans une grande joie en apprenant ma présence et désiraient converser avec moi. Etant de différent sexe les convenances ne permettaient pas de nous voir.

(Dans ce cas les usages du pays permettent q.q. fois de se parler sans pourtant se voir. On se place dans des chambres voisines et on communique à peu près comme font les religieuses cloitrées à travers une grille ou une toile.)

Mais je leur parlai un peu de l'état des événements de notre position mutuelle dans laquelle nous ne pourrions ni servir Dieu ni sauver notre âme ; et leur joie redoublant elles étaient vivement touchées ; quelques unes même versaient des larmes et témoignaient le désir de nous mettre en relation pour nous soutenir les uns les autres. Je demeurais à 40 lys de là et depuis ce temps tous les huit à dix jours nous avions de part et d'autre des allées et venues où notre union devint très intime et ne la cédait pas à celle des proches parents. Nous recommençâmes à prendre la lecture des livres et à faire les exercices des Dimanches et fêtes. Ces personnes avaient reçu les sacrements du Prêtre et quand j'entendis des détails sur lui et ses exhortations, il me semblait le voir lui même. La joie et le bonheur se répandirent dans mon âme. C'était comme si j'avais trouvé un trésor. J'aimais tous ces Xtiens comme des Anges, mais de part et d'autre nous habitions parmi les payens : de tous cotés leurs yeux étaient sans cesse ouverts sur nous et je devais faire les 40 lys de nuit pour les éviter. Peu à peu les payens voisins voulurent savoir mon nom, puis le lieu où j'habitais et on était en connaissance.

Tout ceci nous déplaisait et nous nous proposâmes d'émigrer tous ensemble et d'aller quelque part former un petit village séparé. Pour moi je n'avais sur les bras que mon fils et ma fille ; mais nos cinq maisons formaient ensemble un nombre de 40 personnes, et chacun n'ayant pour toute fortune que des dettes, la vente des maisons ne devait pas, dettes payées, fournir seulement le viatique nécessaire au voyage, car le lieu que j'avais en vue était dans le fond des montagnes de la province de Kang Oeun là où se trouve à peine trâces d'hommes. Quoiqu'il en soit que la chose dût réussir ou non, l'émigration est décidée. Deux familles avaient les maisons entièrement vides, ignorant le matin ce qu'elles mangeraient le soir. Les trois autres **[f.216]** vendent leur maison avec leur mobilier et en retirent à peine 100 nhiangs, sur lesquels il fallait payer beaucoup de dettes. Il fallait fixer le jour des départs ; mais chacun dans les cinq familles voulait partir le premier et n'avait qu'une pensée à savoir sortir de cet enfer pour aller chercher un Paradis, et on se disputait au point d'en venir à des airs de mésintelligence et de discorde. Grand Dieu! quelle peine à tâcher de leur faire entendre raison! Pour moi je confiai mon fils et ma fille à la charge de mon neveu et on décida que le départ d'une famille serait encore serait remis à quelque temps : Mais sans parler des enfants il y avait cinq femmes qu'on ne pouvait absolument retarder et qui soit à raison de l'âge de l'âge, soit à défaut de savoir marcher ne pouvaient aller à pied. J'achète donc à grand'peine deux chevaux, puis encore un troisième pris entièrement sur le viatique, et n'ayant plus de ressources on alla trouver deux amis riches du village qui voulurent bien faire commander cinq litières et emprunter deux chevaux. Avec cet équipage nous partons. Les chevaux étaient bons et les valets remplissaient bien leur office ; et toutefois la première journée se fit à grand'peine. Notre tournure était fort suspecte. Ce n'était pas un cortège de nobles, et non plus de roturier; mais surtout les accoutrements des chevaux étaient fort bizarres.

Dès le second jour il fallut changer. Nous laissons là les cinq litières et les femmes s'affublant de jupes sur la tête en guise de mantelets dûrent aller à cheval. La tournure de notre caravane était devenue celle de province, voir même de montagnards, et toutefois les passants et les aubergistes nous disaient de la Capitale : les plus malins riaient même en disant : Voilà des familles de Xtiens : Et ainsi nos trâces se remarquaient ;notre tournure donnait l'éveil partout et nos affaires se dévoilaient. En huit jours de marche tant bien que mal, nous arrivâmes enfin au but désiré. Nouvel embarras! Pas de maison et aucune connaissance! Nous parvînmes à emprunter une maison pour abriter tout le monde et cinq chevaux devenant embarrassant, je vendis de suite le mien pour nous procurer des vivres, puis acheter une cabane où les jambes pouvaient à peine s'étendre. Nous devions renvoyer les deux chevaux d'emprunt, mais faute de viatique, il nous fallut les garder un mois et leur nourriture consuma presque le prix d'un cheval. Toutefois on parvint à les renvoyer et au retour on amena la famille laissée en arrière. Sans que nous le sussions le temps de la culture se passait et l'hyver[9] **[f.217]** commençant les neiges s'accumulent et interceptent les voies de communication. Dans les environs aucune connaissance : Pas possible même de communiquer avec les voisins. Voilà plus de 40 personnes à mourir de faim.

(Dans la province de Kang Ouen les neiges tombent dans une abondance effrayante. Non seulement les routes sont interceptées, mais souvent on ne peut communiquer même dans le même village. Ceux qui n'ont

---

9 hiver의 고어.

pas de provision meurent de faim et sans de grandes précautions les maisons seraient ensevelies. chasse aux bêtes.)

Un cheval qui nous restait avait rongé et dévoré son énorme auge en bois ; les enfants criaient sans cesse demandant à manger : les grandes personnes elles-mêmes s'inquiètent et s'impatientent ; aucune chance de vie ne se présente ; partout sont pour nous des aspects de mort et la religion étant censée avoir causé cette épouvantable position, chacun de murmurer, de détester son sort pour s'être créé soi même cette infortune. Pour essayer de remédier à ce mal et d'apaiser ces agitations, la seule médecine opportune serait des vivres. Hors de là tout est vain, mais des vivres où en avoir? Enfin sans savoir comment nous avions survécu l'hyver se passa, et le printemps arrivé permettait de circuler et de franchir la montagne. Apprenant qu'un riche bachelier nommé T'soi vivait à environ 70 lys de nous, je me rendis chez lui y restai deux jours, et lui ayant fait le tableau de l'horrible misère où se trouvaient nos familles, il s'entremit pour me faire obtenir une vingtaine d'hectolitres de riz non épluché. Pour ~~obtenir~~ éviter le prix de transport j'allai prier les habitants du pays qui s'yprêtèrent avec beaucoup de complaisance, de m'éplucher ce riz :puis j'en vendis une partie et fis transporter le reste en deux ou trois jours. Tout ce grain était payable à époque fixe à une société. Ayant ainsi terminé cette affaire j'essayai ~~de consoler~~ de nouveau de consoler tout notre monde et alors seulement je fus écouté ; la joie reparut parmi nous et on semblait vraiment s'aimer.

(Vraie mortification. Dès avant Sin iou instruments de pénitence.)

De ci de là nos emprunts s'élevaient à plus de 100 nhiangs. En y allant de la sorte il n'y avait pas où s'arrêter ; mais si je parlais d'être sur mes gardes et d'économie tous les visages prenaient un air sombre et désolant. Il fallait couler doux. (Mémoire de Sin Pierre dit T'ai po.)

8. [f.279]

(note : Pour ne rien omettre de la vérité nous avouerons ici que ces 4 confesseurs et même Sin Pierre que vous verrez plus bas ont été accusés vaguement de quelques paroles d'apostasie ou en approchant. Ces bruits sont refutés par plusieurs des témoins oculaires d'alors et ne nous semblent pas très fondés. Mais même en les admettant tous avouent que c'eût été dans les commencements de leur procès. Or, ils se sont montrés tellement décidés à la mort ensuite jusqu'à même signer 3 fois leur sentence, et toute leur conduite fit tellement honneur à la Religion qu'eussent-ils même eu d'abord q.q.[10] faiblesse, ils doivent compter au nombre des vrais confesseurs de la Foi. Ajoutons qu'âprès[11] plusieurs années de prison, on leur offrit encore la vie, au prix de l'apostasie, ce qu'ils refusèrent de nouveau. Il n'y a donc aucun doute à élever sur eux, et nous ne mentionnons

---

10 quelque의 약어.
11 après의 오기인 듯하다.

pas dans le cours de ~~cette~~ l'histoire cette faiblesse douteuse d'une part, et dont l'époque ne saurait être fixée.)

9. [ff.289-304]

[f.289] Cependant de nouvelles dénonciations avaient été faites vers le milieu de la 4ème lune ; et plusieurs des dénoncés étaient dans d'autres provinces. Nous ne citerons pour le moment que Sin Pierre, dit T'ai po, habitant alors la province de Kieng Siang et Ni Paul, dit Tsong hai, habitant la capitale, dont l'histoire va maintenant nous occuper. D'âprès la loi les tribunaux criminels, ne peuvent arrêter personne sans l'autorisation du propre mandarin civil auquel ils doivent la faire demander. Toutefois ils se dispensent souvent de cette formalité quand il s'agit de menu peuple et qu'il se trouve dans le rayon de leur juridiction directe. Quand il s'agit de provinces étrangères quelquefois ils doivent s'adresser à son gouverneur, et en tout cas ne peuvent absolument se dispenser d'aller au propre mandarin civil du district où se trouve l'accusé. D'âprès les dénonciations ci-dessus mentionnées des satellites furent envoyés soit à la province de Kieng Siang, soit à la Capitale et ces deux X^{tiens} furent saisis comme on va le voir.

Sin Pierre, dit T'ai po dont les antécédents ont été vus dans cette histoire,

(On rapporte que Sin Pierre ^(étant encore) catéchumène et dans le temps qu'il s'instruisait, il fut tourmenté par plusieurs démons qui lui auraient apparu et l'auraient même enlevé de l'appartement où il étudiait la Religion avec d'autres. Ils cherchaient à le dissuader de se faire X^(tien). Pierre leur résistant et leur déclarant que rien au monde ne pourrait l'empêcher de suivre la Religion, le démon furieux le rejetta à sa place avec une telle violence qu'il en conserva toute sa vie quelques douleurs.)

après avoir pris beaucoup de peine pour les collectes relatives au voyage de **[f.290]** Péking ne s'occupait ^(plus) des affaires. Toutefois son nom était très connu dans la chrétienté et le grand nombre de livres qu'il avait transcrits tendaient à le compromettre plus que tout autre en temps de persécution. Après diverses émigrations, il s'était enfin établi à Tsat kol au district de Siang tsiou, province de Kieng Siang où il vivait sans beaucoup de relations avec les ^(Xtiens du) dehors. Toutefois ayant appris les progrès de la persécution de 1827, il comprit que son nom devrait être facilement dénoncé et fit ses préparatifs pour mettre en sûreté sa famille et sa ~~famille~~ personne. Tout était prêt, le cheval ferré et on devait partir avant le jour, le 22 de la 4ème lune, quand cette nuit là même, au chant du coq, les satellites de Tsien tsiou font irruption sur le village et entourent la maison de Sin Pierre et le déclarent prisonnier. Celui-ci voyant les lettres de police venues de la préfecture de Tsien tsiou, province différente de la sienne, refusa de les suivre, mais il dût aller avec eux chez son propre mandarin qui ayant visé les pièces, le remit aux satellites. Toutefois ils durent retourner chez Pierre avec des prétoriens de la ville.

Dans la route ils rencontrèrent d'autres de leurs compagnons envoyés pour se saisir d'un autre village X^{tien}. Dès qu'ils se virent de loin, ils se mirent à sauter et frapper des mains puis se félicitèrent et réjouirent les uns les autres, burent à grandes gorgées et avaient un air de démon. Surpris par la nuit, on dût coucher dans un village. Là ils se firent donner par menaces et de force quantité de vin, des poules à volonté et firent les cent coups au détriment des pauvres habitants. Arrivés à la maison de Pierre, les satellites de Tsien tsiou voulaient se livrer au pillage, [f.291] mais ceux de la propre ville les empêchèrent et prirent note de tous les objets qui s'y trouvaient pour le cas où quelque chose serait réclamé. Après quoi on se mit en route et en quat^re ~~orze~~ jours, on était arrivé sur le territoire de Tsien tsiou, non loin de la ville, et pendant qu'ils se préparaient à passer la nuit arriva une ~~foule~~ troupe de X^tiens montés sur ~~des~~ bœufs ou chevaux escortés par des satellites. Ayant dénoncé des livres dans les supplices, et ne pouvant plus marcher on les envoyait ainsi équipés pour les apporter. Pierre passa la nuit avec eux et pendant que tous ces gens de prétoire étaient à boire, jouer, criailler et faire les cent coups dans la cour, il s'informa de l'état des choses et apprit que tous les livres avaient été avoués et dénoncés et que dans le nombre beaucoup étaient de sa main. Inutile donc de cacher les choses désormais. Le lendemain on se sépare, et bientôt âprès arrivé à la ville, il est conduit au juge criminel qui lui demande d'abord : Es-tu noble? — Dès ce moment nous ne ferons que copier une partie de la narration de Pierre. Il va parler lui même : Je réponds :

Arrivé ici la différence entre noble et roturier ne sert plus gueres de rien.—Le juge : On dit que dans trois provinces tu répands une doctrine perverse et ~~en~~ infatues le peuple, est-ce vrai? R – Je ne suis pas de doctrine perverse, mais seulement la Religion du maître du ciel. Le juge : Il ne ~~peveut~~ peut pas dire une ~~Religion~~ doctrine perverse. Il dit la Religion du maître du Ciel$^{(+)12}$ savais-tu qu'elle est sévèrement prohibée? —R. Comment l'ignorerais-je? **[f.292]** Je l'ai fait sciemment – Le juge : Ayant contrevenu sciemment aux ordres du roi, n'es-tu pas digne de mort? R : Je savais bien que l'on me ferait mourir. Le j. : Maintenant que le roi commande de vous mettre tous à mort, ne te raviseras-tu pas? R : Il n'y a qu'un sujet stupide qui ayant servi son roi dans la prospérité, puisse lui désobéir $^{\text{dans l'adversité}}$: de même que ce sont les fausses doctrines que l'on suit seulement quand tout est souple et ~~que l'on~~ abandonne aux jours difficiles. Que le mandarin agisse selon la loi, moi j'agirai selon mes

---

12　원문 주: $^{(+)}$ puis il ajoute : Eh bien ! en suivant la doctrine perverse du maître du ciel, ~~tu~~ savais-tu…

convictions. Le j. : Ce coquin là a la parole mauvaise. C'est un vrai chef dans la clique. Puisque tu désires être traité selon $^{\text{la loi}}$, goûtes-en. Puis il ordonne de me mettre à la question bien ^{en} règle. On me lie donc les bras croisés derrière le dos puis on fait passer entre eux et le dos un gros baton qu'un valet doit faire manœuvrer. D'autre part avec une corde en crin on me lie ensemble les deux jambes aux genoux et au dessous des chevilles, puis enfonce entre les deux ^{deux} gros batons sur chacun desquels un homme doit faire effort de chaque côté. Attirant donc d'une part le bâton fixé contre le dos, et de l'autre appuyant avec effort sur ceux croisés entre les jambes, mon corps semblait suspendu en l'air, ma poitrine devait crever sur l'avant, mes os être pilés : et je perdis toute connaissance sans pouvoir répondre aux questions de l'on m'adressait. On ordonne le lacher un peu les courroies. Peu à peu mes esprits se remettent : Le soleil me paraissait des torches : mes bras et mes jambes me semblaient ne plus exister : mon corps était tout en feu, et pressé **[f.293]** de nouveau de répondre par les coups de bâtons dont me perçaient deux valets, à grand'

신태보 베드로가 전주 감영에서 받은 1차 형문 내용이 실린 부분의 필사본

De nouveau de répondre par les coups de bâtons dont me percent deux valets, à grand peine je répétais avoir été instruit par un Xtien martyrisé depuis longtemps et n'avoir aucun disciple. Le Juge: Vilain fourbe, attends-tu donc de nouveaux supplices pour déclarer la vérité? R: Si c'est oui, je dis oui; si c'est non, je dis non. Je suis déjà à moitié mort et si on continue tant soit peu, je vais mourir tout à fait. Au moment de mourir comment pourrais-je tromper? Le Juge: Malgré cela, on n'en meurt pas, toi aul auras plus à souffrir. On m'élève donc les jambes et appuie fortement sur les deux bâtons. Mon corps n'avait plus de vie; toute salive était épuisée; la langue s'allongeait hors de la bouche; les yeux sortaient de leurs orbites et la sueur couvrait tout mon corps. Les cris de _Dilare Kout_ retentissaient au loin. Je ne répondais pas, priant seulement que ma vie s'épuisât bien vite. C'était le dernier jour la 4me. Le jour étant tombé, le juge dit: Aujourd'hui il se fait tard. Comme c'est le premier jour, tu n'as eu qu'un échantillon, demain tu auras de vrais supplices à supporter. Tâche donc de réfléchir cette nuit et de penser à conserver ton existence. On me dèle et deux valets me passant un bâton entre les jambes m'emportent dehors où bientôt on me servit à souper; mais je ne pouvais ni m'asseoir ni faire usage de mes bras: Bien plus l'odeur du riz m'excitait la nausée et ne pouvant rien prendre on m'approcha des lèvres un bol de vin trouble que je bus, et la raison sembla me revenir. Quand déjà la nuit s'étant avancée, le chef des satellites qui m'avait amené vint me dire: Vous êtes digne de pitié. Le Mandarin est convaincu que Roi de Vin i est chez vous et que s'il n'y est plus, vous savez où il est. Demain vous aurez pour cette affaire là peine je répondis avoir été instruit par un X^tien martyrisé depuis longtemps et n'avoir aucun disciple. Le Juge : Vilain fourbe, attends-tu donc de nouveaux supplices pour déclarer la vérité? R : Si c'est oui, je dis oui ; si c'est non je dis non. Je suis déjà à moitié mort et si on continue tant soit peu, je vais mourir tout à fait. Au moment de mourir comment pourrai-je tromper? Le Jug. : Malgré cela, on ne meurt pas, toi seul auras plus à souffrir^essayes-en. On m'élève donc les jambes et appuie fortement sur les deux bâtons. Mon corps n'avait plus de vie : Toute salive était épuisée, la langue s'allongeait hors de la bouche ; les yeux sortaient de leurs orbites et la sueur couvrait tout mon corps. Les cris de <u>déclare tout</u> retentissaient au loin. Je ne répondais pas, priant seulement que ma vie s'épuisât bien vite. C'était le dernier jour la 4^èmelune. Le jour étant tombé, le juge dit : Aujourd'hui il se fait tard. Comme c'est le premier jour, tu n'as eu qu'une échantillon, demain tu auras de vrais supplices à supporter. Tache donc de réfléchir cette nuit et de penser à conserver ton existence. On me délie et deux valets me passant un bâton entre les jambes m'emportent dehors où bientôt on me servit à souper : mais je ne pouvais ni m'asseoir ni faire usage de mes bras : Bien plus l'odeur du riz m'excitait la nausée et ne pouvant rien prendre on m'approcha des lèvres un bol de vin trouble que je bus ; et la raison sembla me revenir. Quand déjà la nuit était avancée le chef des satellites qui m'avait amené vint me dire : Vous êtes digne de pitié. Le mandarin est convaincu que Ni Ie tsin i est chez vous et que s'il n'y est plus, vous savez où il est. Demain vous aurez pour cette affaire là **[f.294]** de terribles ^{supplices} à endurer. Il vaudrait mieux, ce me semble, l'avouer franchement et vous sauver la vie.— Je répondis : J'ignore qui est cet homme, si je le voyais, je pourrais peut-être dire s'il m'est connu ou non : Et lui, n'étant ni mon père ni mon frère, quelle raison aurais-je de le cacher au prix de ma vie? Mais toi qui a vu ma maison peux savoir ce qu'il en est. Y était-il caché? Et l'eussé-je ^{même} recellé, comment pourrais-je savoir où il s'est sauvé? Il me semble que dans cette affaire, les doutes ou l'acquittement dépendent de tes paroles.— Il répond : A cause de ce Ni le mandarin ^{et les prétoriens} m'accusent d'incapacité pour ne l'avoir pas encore pris. Je n'ai plus rien à dire : mais à coup sûr vous en savez quelque chose. Agissez en conséquence. On me reproche aussi de n'avoir saisi chez vous aucun livre. J'ai dit qu'âprès avoir tout retourné, je n'en avais pas trouvé. On vous interrogera aussi là dessus : Répondez net que vous n'en aviez pas.— Après quoi il suspendit la cangue dont j'étais chargé, afin qu'elle ne me fît pas souffrir, appela le gardien pour lui recommander l'enlever mes selles et urines, ajoutant qu'il lui en tiendrait compte, puis enfin me fit prendre du vin. Cette conduite me consola étonnamment et je fus vivement touché $^{\text{et reconnaissant}}$ de ces marques de compassion. Bientôt la porte de la préfecture s'ouvrit et des valets arrivant pour m'y transporter. Le juge dit d'une forte voix : Pense à ce que je t'ai dit hier et fais les aveux franchement. Je répondis : Hier n'ayant pas la connaissance, je ne me rappelle pas vos ordres. Pour ce qui est de faire des aveux, s'il y en avait à faire, je l'eusse fait hier. Pourquoi attendre à aujourd'hui? Le J. : Ni Ie tsini était certainement chez toi et tu connais ses affaires, et si tu ne l'avoues pas, tu n'y tiendras pas. R. : J'ignore quel est ce Ni ; mais supposé ^{même} que je l'eusse recellé, comment pourrais-je savoir où **[f.295]** il est allé maintenant? Je ne puis rien vous en dire. Il n'est ni mon père ni mon frère serait-il juste que je me fasse tuer pour lui? Si vous voulez me mettre à mort, faites le pour mes propres fautes. Le J.: Il paraît que tu as trouvé le supplice d'hier léger, et tu veux en goûter de plus violents : eh bien ! essayes en.— En même temps il excite les bourreaux en disant : Ce coupable quoique vieux est le plus dur de tous : allez y raide et me fait donner en grand l'écartement des os des jambes ; on serre les courroies et déjà j'étais presque évanoui. A force de presser, un baton se brise ; A ce bruit je crus ma jambe cassée et regardai tout effrayé au fait, c'était seulement le bâton. J'entendais des paroles et ne pouvais répondre. On apporte du vin et me l'approche des lèvres, mais je ne pus l'avaler et je rejettai. Après quelques moments de repos, on l'approche de nouveau et peu à peu mon gosier s'humectant, je pus boire cette portion. Le juge dit à voix modérée : Tu veux absolument mourir pour l'affaire d'autrui. Je ne comprends pas tes principes.— Puis il fait préparer son escorte, monte à cheval et se rend près du mandarin supérieur. Ne m'ayant pas fait délier, je restai assis à l'ardeur du soleil de la 5ème lune. Toutefois je ne ~~me~~ sentais pas la chaleur, mais plutôt un air froid. Après un assez longtemps il revint et dit d'un ton fâché et violent : Puisque tu ne veux pas faire d'aveux, il faut que tu meures ou que je perde ma place. Pas de milieu. Essayes donc d'y tenir — Recommencez les tortures — On obéit : les souffrances n'étaient ni ~~moins~~ plus ni moins fortes. On variait les tourments. Pourmoi, c'était tout un. Le soir venu, on me délie et me remporte. Je ne pus manger le riz :on me donna une tasse de vin et la nuit se passa ainsi. J'entendis de nouveau les cris pour l'ouverture des portes de la préfecture. Ces cris me répugnaient souverainement, (aux préfectures tout se fait avec des cris) et je me croyais toujours entendre **[f.296]** les cris pour l'appel des accusés. Par le fait les valets ne tardèrent pas à venir me chercher. Ils poussaient des cris injurieux ; et sans aucune précaution ~~et~~^{ni} ménagement m'achevalent sur le baton et vont me déposer vis à vis du juge, qui me dit: Tu peux voir qu'il y a ~~ici~~entassé^{ici} beaucoup de livres écrits par toi.

Tu passes pour être le chef de trois provinces, et avoir copié ^(bien des livres) aux autres. Nécessairement tu dois avoir un exemplaire de chaque : Avoue tout franchement et ne t'obstine pas à mourir dans les tourments.— Je n'avais pas la force de parler. On me fait prendre quelque chose et à grand' peine je pus articuler quelques mots. Dans cet interrogatoire fondé sur ce que m'avait dit les X^(tiens) que nous rencontrâmes en route, à savoir que tous les livres de tels et tels avaient été dénoncés, j'avouai avoir copié quelques volumes pour eux, ajoutant que chez moi il n'y en avait pas, comme pouvaient le certifier les satellites qui avaient fouillé ma maison :Quand je copiai ces livres ce fut chez cesX^(tiens) et sur des exemplaires hors de service qu'ils avaient.— Le J. : Tu ne dis pas vrai et ne dis pas tout : Nous verrons la fin.— Bientôt âprès on me fit remporter, sans avoir eu cette fois à subir d'autre supplice. Cette nuit là on me porta ~~onmeporta~~ chez les prétoriens réunis en nombre, et ils me disent : Vous dites être noble, et toutefois ne parlez pas franchement devant le mandarin. Ni Ie tsin i, le grand chef, ~~cett~~ n'ayant pas été saisi, cette affaire ne peut se terminer.

(Il paraît par là que Ni Ie tsin i avait non seulement été dénoncé, mais que ses voyages à Péking avaient aussi été révélés.)

Il est certain qu'il était dans votre village, et s'il en est sorti, c'est vous qui avez dirigé sa fuite. Dire que vous ne le connaissez pas et tromper aussi sur les livres, c'est vous attirer de graves tortures de la part du [f.297] juge. Comment y tiendrez-vous? Demain on doit encore recommencer la question. Avouez tout ici et nous en avertirons le juge.— Je répondis : Désirer la vie et craindre la mort est un sentiment commun à tous : Et qui désirerait s'attirer des souffrances? Mais vous, vous n'y allez que par supplices, sans faire attention au fond des choses. Est-ce là de la de la justice? Ils me disent pourquoi vouloir prendre nos paroles en mauvaise part? Nous n'agissons que pour vous épargner les supplices. Dénoncez seulement ce Ni ; et on ne parlera plus d'autre chose nous nous en chargeons. Pourquoi vous entêter ainsi? – Je réponds : J'ai dit tout ce que j'avais à dire et n'ai rien de plus à avouer. Si je meurs tout sera fini par là. Si on me laisse la vie, c'est un ordre de Dieu : Mais je n'ai guères la pensée de vivre. Reconduisez-moi vite là où j'étais.— Tout ceci avait été suggéré par le juge lui-même. On me reconduit~~sit~~ et déjà la porte de la préfecture s'ouvrait, et je suis bientôt traduit à sa barre. Le juge dit à haute voix et en colère : Je voudrais en finir de cette affaire, mais toi seul fait des déclarations si confuses que je ne puis voir les choses. Puis par quelques paroles il conclut que tous les livres reviennent à ma charge. Quel~~que~~ remède pouvais-je apporter à cela? Ce n'est pas tout. De nombreuses images et objets religieux dont plusieurs venaient de pays étrangers avaient aussi été rejettés sur moi par les X^{tiens}. Le juge dit : Tu ne dois plus rien avoir pour te justifier. Déclare d'où viennent ces images et autres objets. - Je répondis : J'ai déclaré la vérité pour quelques volumes. Pour le reste, veuillez bien interroger ceux à qui appartiennent ces objets.— Le juge : Tous les rejettent sur toi — Que faire? Essayer de me justifier, n'aurait fait qu'embrouiller les choses. Force fut d'accepter la responsabilité de tous les livres. Mais pour les images et autres objets la difficulté restait et ne sachant **[f.298]** quel parti prendre, je restai muet. Le juge interroge de nouveau les Xtiens prisonniers si tous ces objets venaient de moi, et tous répondant affirmativement, je dis : Puisqu'ils rejettent tout sur moi, aucun moyen de me justifier. Je vais vous dire la chose en gros. Il y a quelques années j'ai entendu dire qu'âprès l'année Sin iou 1801 quelqu'un ayant acheté la maison d'une personne exécutée alors en la démolissant trouva ces objets dans les murailles. Ils auraient été partagés et répandus de côté et d'autre. C'est sans doute de là qu'ils sont venus. Le juge courroucé dit : En allant ainsi, nous n'arriverons à rien. Il faut d'abord torturer ces Xtiens là.— On prend des cordes avec lesquelles on se met à leur scier les membres, et tous de me renvoyer l'affaire de plus en plus. Ne voyant plus rien à faire et comme je me disposais à parler on me mit à la même torture en disant : Aujourd'hui avec de petits procédés nous n'en sortirons pas. Serrez dûr et on presse les bourreaux. Ceux-ci poussés par le juge n'avaient pas l'intention de m'épargner. C'était effrayant ; mais par bonheur je souffris moins qu'auparavant.— Ne feras-tu pas encore tes aveux, me disait-on? — J'ai tout dit, répondis-je. Le juge criait : Nous n'en finirons pas. Serrez d'avantage. Elevez fortement les jambes. Et les cordes de crin s'enfoncèrent entièrement dans mes chairs. On serre encore et bientôt toute salive est épuisée ; ma langue se raidit, et eussé-je voulu parler, je ne l'aurais pas pu. On desserre un peu les courroies et me fait prendre quelque chose ; puis âprès un peu de repos je dis avoir déclaré la vérité. Le juge : S'il en est ainsi, dis qui a d'abord reçu ces objets et par quelles mains ils ont ensuite passé. — Je réponds : Les personnes qui vivaient en 1801 sont presque toutes **[f.299]** mortes, et s'il en reste quelques unes, elles ne sont même pas Xtiennes. Qui les a d'abord reçus? A qui les a-t-il transmis? Tout ceci s'est passé entre eux, et se transmet soit par la mort, soit par des dons. Qui pourrait jamais savoir par quelles mains tout à passé? Le J. : Les autres prisonniers disent que tu sais tout.— J'ignore presque tout. — Le J. : Dis ce que tu sais — J'indiquai alors 4 ou 5 noms (parmi les morts sans doute, comme les bons Xtiens font toujours) Quant au reste, il m'est impossible de rien savoir.— Le Juge : Parmi un si grand nombre, tu n'en saurais que quatre ou cinq. C'est une dérision.— On serre de nouveau et je devins presque mort. Le juge donne une liste de noms à un prétorien et j'avais ordre de répondre à mesure qu'il ~~les~~ les prononçait : mais ne pouvant plus parler, je répondais par un signe de tête et le fit négativement pour tous, connus ou inconnus.— Et le juge ajoutant : Ne connais-tu pas non plus Ya So? Je fis encore ce même signe négatif. Il était soir, on me délie, mais les cordes étant enfoncées dans les chairs on ne pouvait les oter et je perdis connaissance pendant l'opération : On me remporta et sans pouvoir manger, je fus couché dans la prison, la tête appuyée sur ma cangue. Les cris affreux du tribunal me restaient toujours dans l'oreille, et je pensais par hasard à ces paroles du juge : Ne connais-tu pas non plus Ya So? Alors seulement je réfléchis que les caractères chinois du St nom de Jésus se prononçait Ya So en Coréen. Je me pris à trembler, regretter, déplorer : mais nul moyen de revenir.

(Les caractères chinois se prononcent Ye Sou en Chine et nos Xtiens ont conservé cette prononciation ; mais les payens ici ne voyant que les caractères les prononcent Ya So selon la prononciation Coréenne. On conçoit qu'un pauvre patient n'ait pas fait cette réflexion dans une telle circonstance.)

J'en avais le cœur serré et pouvais à peine respirer [f.300] On vient encore me presser de manger, mais abattu, désolé indigné par la pensée que la mort pour moi devenait infructueuse, loin d'avoir l'envie de manger, je repoussai avec reproche ceux qui me présentaient ~~du~~ le riz et me décidai sur des sollicitations ^réitérées^ à prendre quelques gorgées de vin. En moi-même j'essayais de me consoler en pensant que quoique le Juge ait voulu dire Jésus, je n'avais entendu que Ya So. Dieu me le pardonnera-t-il? Et je me résolu de me rétracter clairement devant le juge le lendemain ; mais dès lors ayant été conduit devant le mandarin civil, je ne pus le faire, et le regret n'en reste fixé jusque dans la moelle des os.

Le lendemain 5 de la 5ème lune je fus traduit devant le mandarin civil et les mandarins de Mou tsiou, de Ko san et d'Ik san se trouvaient à la séance. Le mandarin d'Ik San accompagné d'un prétorien vint se placer près de la balustrade et me dit : Si vous voulez seulement régler votre conduite, les doctrines de Confucius, Mongtse et autres saints sont bien suffisantes. Maintenant contre la défense du roi vous suivez une doctrine étrangère et vous avez été saisi, n'est-ce pas un crime digne de mort? Je vis que c'était différent du tribunal criminel. Le propre mandarin avait bien l'air terrible, mais tous les autres avaient un air affable ; ils me regardaient avec compassion et semblaient regretter les affreux supplices auxquels j'avais été soumis. Leurs suivants ne faisaient pas de vociférations et eux même parlaient à voix modérée. Ce ne me semblait plus un tribunal mais une affaire particulière. Je répondis avec d'autant plus de respect : On défend notre Religion par cela seul que cette doctrine vient d'un autre royaume ; mais partout je vois chez vous des objets venus des royaumes étrangers ; littérature, habillements, meubles, tout parmi vous vient des autres royaumes. **[f.301]** Le mand. : Ce sont des objets dont on se sert dans tous les pays et nulle raison pour les prohiber ; mais en fait de doctrine Confucius et Mongtse ne sont-ils pas suffisants? Je réponds : Pour les maladies du corps, quand avec les médecins de notre pays, on n'obtient pas d'effet, on a recours aux médecines de Chine, qui souvent opèrent la guérison. Chaque homme a les 7 passions profondément malades. Or, sans notre Religion on ne peut les guérir. Ce n'est pas que j'ignore la doctrine de Confucius et Mongtse, mais, selon moi, quand réunis dans les temples de ces sages ou autre, on se bat pour une écuelle de riz ou un morceau de viande, en proférant même des injures, non seulement on s'inquiète fort peu de la doctrine et des actions de ces sages, mais souvent on leur fait injure, et ces temples au lieu d'être des écoles de vertu, deviennent des écoles de désordre. Il n'y a que peu de personnes qui veulent au moins à l'extérieur se contenir un peu et garder les convenances, et encore dans le fond du cœur, elles n'en restent pas moins mauvaises. Notre doctrine au contraire règle tout d'abord l'intérieur, redresse les 7 passions, dirige par le moyen du décalogue l'extérieur aussi bien que l'intérieur et est de fait le perfectionnement des doctrines de Confucius et autres.— Si tu dis vrai, elle ne serait pas perverse ; mais puisque le roi la prohibe, diras-tu que le roi a tort (1)?[13] R. : De même qu'il n'y a qu'un soleil au Ciel, vous voulez qu'il n'y ait qu'une seule doctrine dans le royaume. C'est bien : mais maintenant ~~que vous voulez~~ qu'il y a la doctrine des vrai et du faux, lettrés et celle du Maître du Ciel, jusqu'à ce qu'on ait fait la distinction du vrai et du faux le roi n'aurait pas tort de la prohiber momentanément: mais celui qui sait cette doctrine qui par le fait est vrai, ne peut **[f.302]** non plus avoir tort. Le Mand. : Une chose fausse est fausse : une chose vraie est vraie. Or, d'après tes paroles le vrai et le faux se rencontreraient en même temps pour le même objet. R. : En tout la raison est le grand maître. Or, quand par la raison on commence à vouloir faire la distinction du vrai et du faux, il y a un moment où rien n'est encore décidé. Dans les discussions les uns découvrent la vraie raison avant les autres ; et en fait de doctrine, un sujet peut bien appercevoir la vérité avant que le gouvernement n'ait réussi à la connaître. C'est

---

13 원문 주. [(1)] Dans ces pays par respect pour le roi on ne peut jamais dire qu'il a tort, et c'est pour cela que les X^{tiens} répondent par des paroles de détour.

précisément ce qui a lieu aujourd'hui dans ce royaume. Le mand. : D'âpres cela tous ceux qui parmi vous ont été exécutés, selon la loi, avaient donc raison? R.: Ici encore, la doctrine étant vraie, ils ont eu raison ; si elle était fausse, ils auraient eu tort.— Le propre mandarin se leva alors d'un air colère et dit : De telles paroles sont inutiles.— Et il dit de lui apporter le livre des actes civils. Après quoi ayant proféré sur la sentence quelques paroles que je n'entendis pas, le mandarin de Moutsiou en prend lecture et dit tout surpris : Vous déciderez-vous pour (la mort) l'exécution. Le propre mandarin : C'est ainsi.. Celui là répond: Dans cette affaire, il n'y a pas de raison pour en venir toujours à l'exécution.—Et il semblait le ~~rejetter~~ regretter. Mais le propre mandarin ajouta: Il est juste de décider ainsi.

Après quoi le mandrin d'Ik san reprend la parole et me dit : Répète tout ce que tu as dit devant le juge criminel et aussi dis en détail ce que tu avais commencé sur les 7 passions.— Je répétais donc ce que j'avais dit au tribunal criminel et lui développait comment chacune des sept passions se traitait par les sept vertus opposées et un prétorien prenait note de tout. Le Mand. : A voir les supplices que tu as endurés et l'état où tu es réduit, vraiment on t'en a trop donné. Dans l'état où tu es, il te serait difficile de prendre toi même lecture du résumé de ta cause, un prétorien [f.303] va te le faire entendre.— Puis il donna le livre au prétorien qui me le lit.— C'était à peu près le fond mais sans détails. On avait allégé les choses et penchait à me laisser la vie. Je dis : on voit que vous êtes touchés de compassion. Le jugement sera un triomphe sur la loi.— Le propre mandarin dit d'un ton de colère : Nous aurions bien fait de le condamner à mort. Ils sont tous entêtés à ce point.— Le mand. d'Ik san : D'âpres vos paroles vous n'auriez pas tort ; mais toi tu as violé les prohibitions du roi, et moi je suis délégué pour te juger. En Europe à la bonne heure. Ici il n'y a pas de remède. On appelle ensuite le gardien, me remet entre ses mains et je fus déposé dans une maison particulière. En 4 ou 5 jours je pûs me lever, sans toutefois pouvoir marcher. Je ne pouvais non plus guères manger et ne prenais guères que du vin. Quelques jours âpres, on me porta devant le gouverneur. Tous les Xtiens étaient la réunis. En attendant au dehors des portes j'étais assis appuyé sur ma cangue. Les valets et les prétoriens se moquaient de moi. Les uns frappaient la cangue avec les pieds : le plus mauvais montaient dessus pour la faire peser d'avantage : tous n'avaient que des injures. Je fus cité le premier. Le gouverneur me dit : Es-tu noble? R.: Ici à quoi peut servir la différence de noble à roturier? Le gouv. : Si vous voulez suivre cette Religion, pourquoi ne le faites-vous jamais qu'en cachette?-Puis il m'ordonna de déclarer en détail le propriétaire de chaque livre, image et autre objet religieux. Je réponds : Dans l'interrogatoire tous les prisonniers rejettant tout sur moi, on me pressa de faire des aveux, et si je disais ne pas savoir, on redoublait les tortures, exigeant absolument que je prisse la responsabilité de tout. N'en pouvant plus il ma fallut tout accepter. Maintenant vous voulez que je dise à qui appartient chaque objet. Comment pourrai-je le savoir? Le gouv.: As-tu des tablettes? R. : Je n'en ai pas. Le gouv. : Et pourquoi n'en as-tu pas? **[f.304]** R. : Seul resté d'une famille ruinée, sans maison et toujours allant de côté et d'autre, n'ayant pas même où les placer, je n'en ai pas. Le gouv. : Ne fais-tu pas les sacrifices? R. : Aux jours anniversaires je prépare seulement des nourritures, selon mes facultés, et les partage avec les voisins. Le gouv. : Les manges-tu sans faire même les génuflexions. Puis, sans autres questions, on me remet au gardien. Le lendemain on me porte devant le propre mandarin : Tous les prisonniers Xtiens y étaient. On nous présentait cinq par cinq, et nous donnait quelques volées sur les jambes. Mais quoique qu'on battit fortement, auprès du supplice de la courbure des os, ce n'était pas un supplice. Puis on déliait les accusés leur passait la cangue et leur mettait les fers aux pieds et aux mains : A moi seulement à cause de ma trop grande enflure, on ne mit pas les fers aux pieds. Quand on nous reconduisit à la prison, le mandarin voyant mon état dit au prétorien de me faire oter la grande cangue et de m'en passer une légère et pour la première fois elle me fut enlevée. Mes jambes n'avait plus un morceau de chair : on ne voyait que des os. Je ne pouvais ni m'asseoir ni manger le riz. Chaque jour, je ne prenais que deux ou trois bols de vin. Personne n'osait m'appel approcher et on se bouchait le nez pour passer près de moi. De plus la chambre était pleine de vers et de vermine et personne ne pouvait la supporter. Heureusement quelques Xtiens en bonne santé me soutenaient pour pouvoir me remuer, et voulaient bien emporter mes évacuations. Comment assez les remercier?

Telle est la prison où fut déposé ce généreux confesseur et où on le laissa reposer quelques temps en attendant le dénouement de sa cause que nous suivrons bientôt.

10. [ff.398-399]

[f.398] Allons de là jusqu'à Tsien tsiou Capitale de la province de Tsien la où le même ordre de la Cour avait été envoyé pour mettre fin aux souffrances de nos cinq confesseurs. Kim Pierre dit Tai koan i était le plus impatient de tous d'apprendre cette bonne nouvelle, et souvent quand les geoliers ou autres leur parlaient de la mort, il disait avec une joie empressée : Quel jour est-ce? quel jour? Il arriva enfin ce jour et Pierre fit éclater sa joie et se répandit en actions de grâces envers Dieu.

Tsieng Paul craignant les impressions de la nature pria les geoliers de ne pas laisser venir ce jour là sa femme et ses enfants. Sin Pierre quittait la vie avec peine : mais cette faiblesse ne rend-elle pas le sacrifice plus méritoire? Tous cinq se rendirent au lieu de l'exécution : Les enfants de Ni Job le suivaient en pleurant. Il leur dit d'un air gai et d'un ton joyeux : Après longues années que j'ai langui ici, aujourd'hui enfin il m'est donné de faire route vers le Ciel. Pourquoi pleurer un si glorieux heureux événement? Ne vous contristez pas, mais surtout suivez mes trâces.

Le glaive trancha le fil de leurs jours au milieu de la foule rassemblée pour le marché et leur âme alla s'unir à leur Dieu. C'était le 17 de la 4ème lune, 29 mai 1839. Ni Pierre dit Sieng hoa avait 58 ans, Ni Job 73 ans, Tsieng Paul dit T'ai pong 44 ans, Sin Pierre dit T'ai po environ 70 et Kim Pierre dit **[f.399]** Tai koan ** ans.

11. [ff.470-471]

[f.470] T'soi Barbe était fille de T'soi Marcelin martyr de Nie tsiou en 1801. Une bonne éducation réforma son caractère peu discipliné et bientôt on admira sa patience dans la misère, sa charité envers Dieu et le prochain et son parfait accord avec tout le monde. Dévouée à tous, elle consolait les affligés, donnait secours aux nécessiteux et épuisait volontiers ses forces et ses ressources en faveur du prochain. Mariée au fils de Sin Pierre dit T'ai po, elle devint veuve peu après. Elle resta seule près de son beau père et ne témoigna jamais aucune peine ou tristesse au milieu des embarras ~~multipliés~~ que les hôtes multipliés suscitaient chaque jour. Prise avec son ~~père~~ beau père en 1827, elle fut de suite relachée sans apostasie et on ne sait pourquoi. Dès lors sans maison, elle vivait chez des parents ou amis, et malgré son état continuel de maladie et de langueur, elle alla souvent visiter son beau père pendant sa longue détention et s'efforçait d'y conforter les prisonniers — En 1839 elle fut prise chez Protais comme nous l'avons vu, subit près du juge criminel un premier interrogatoire et quelques légers supplices qu'elle endure avec calme. Conduite devant le gouverneur, il lui demanda qui elle est. Barbe répondit avec franchise et liberté : Je suis la fille de T'soi Marcelin [f.471] décapité en 1801 et la belle fille de Sin Pierre décapité ce printemps dans cette ville.— S'il en est ainsi, tu t'es confessée, sans doute? Vraiment oui — Dans ce cas, il faut que tu meures — Je m'y attends bien et il y a longtemps que je m'y prépare. Sans en dire d'avantage, elle fut condamnée et renvoyée en prison sans aucun supplice.

Tous ces généreux confesseurs pris dans une ~~seule~~ même maison, se retrouvaient en prison et s'encourageaient à persévérer.

[......]

Ainsi le 30 de la 11ème lune, 4 Janvier 1840, ces quatre martyrs s'envolèrent vers le ciel : Protais avait 60 ans : O Jacques 19 : Ni Magdeleine 32 ans et T'soi Barbe cinquante et quelques années.

참고문헌

- Ch.Dallet, *Histoire de l'Église de Corée* (précédée d'une introduction sur l'histoire, les institutions, la langue, les moeurs et coutumes coréennes, Tome 1), Paris, 1874.
- Jourdan, H.-P..《액스 교구 출신 앵베르 주교와 두 동료, 모방 신부과 샤스탕 신부의 순교와 약전*Travaux et martyre de Mgr Imbert de Cabriès, diocèse d'Aix, et de ses deux compagnons, MM. Maubant et Chastan.*》 Marseille, Imprimerie et Lithographie de P. Chauffard, 1858.
- Mgr Daveluy, *Notice des principaux martyrs de Corée.*
- 다블뤼 주교 저, 『조선 주요 순교자 약전』, 유소연 옮김, 내포교회사 연구소, 2014.
- 샤를르 달레 저, 『한국천주교회사』 상·중, 최석우·안응렬 역주, 한국교회사연구소. 1987.
- 하성래, 『빛의 사람들』(순교자 신태보(申大甫) 베드로의 삶과 생애), 가톨릭출판사, 1996.
- 『日省錄』, 『承政院日記』, 純祖 1827년 丁亥年 閏5月2日 條.